(62ページ参照)

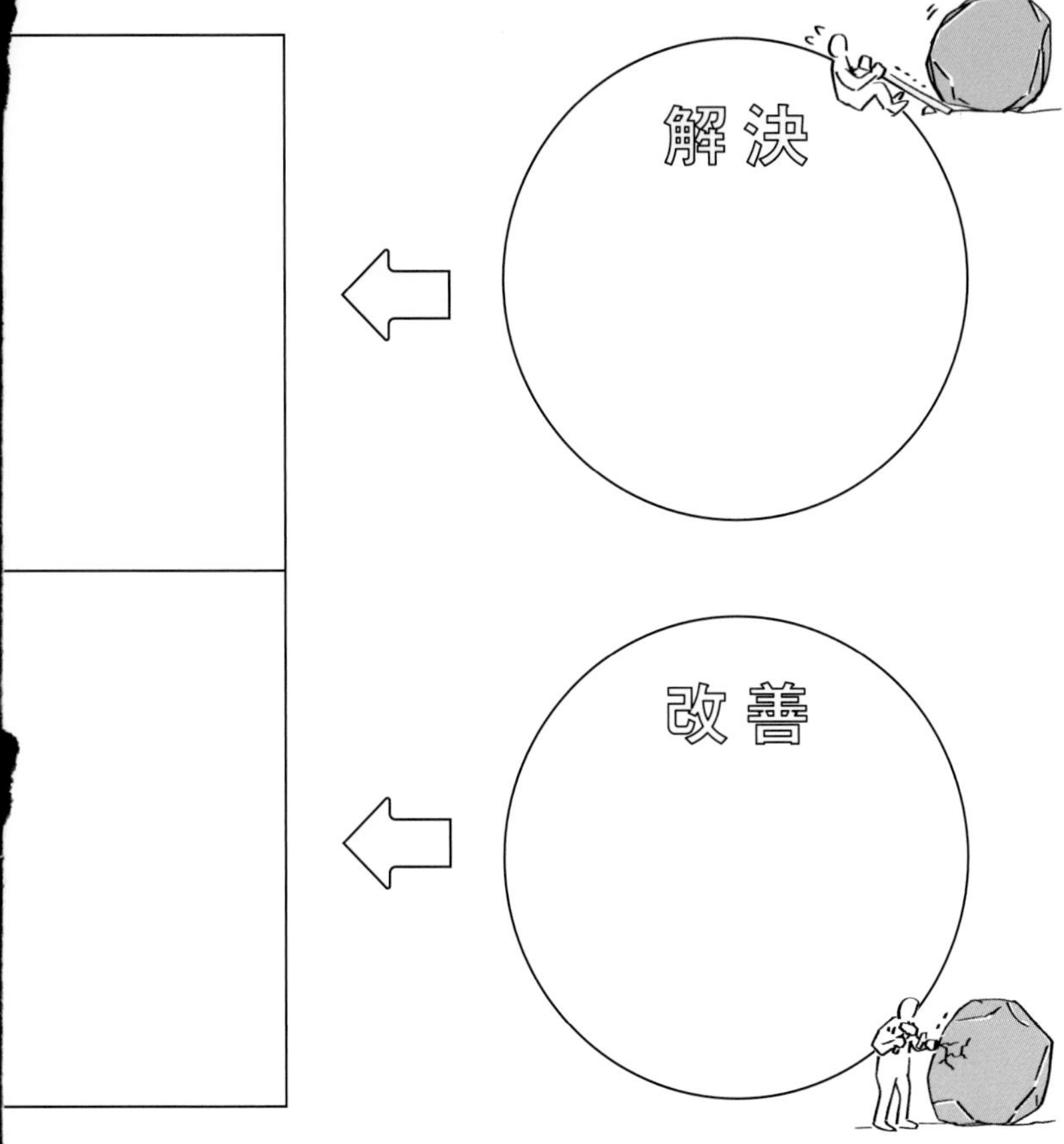

〜できないかな？」という工夫
できるか？」という工夫
って〜できないかな？」という工夫
〜できないかな？」という工夫

書き込むだけで
4つの優れたアイデアが
すぐに生まれます！

回路08
好きを探す
「わたし本当は〜が好きなんだけど」

回路09
偏見を探す
「○○って結構〜と思われがちだよね」

回路10
制限を探す
「○○って〜に限りがあるよね」

回路04
相反を探す
「○○の逆ってなんだろうね」

回路05
矛盾を探す
「○○って〜だけど〜だよね」

回路06
不可能を探す
「○○って絶対〜できないよね」

回路07
相手を探す
「○○って普通〜のものだよね」

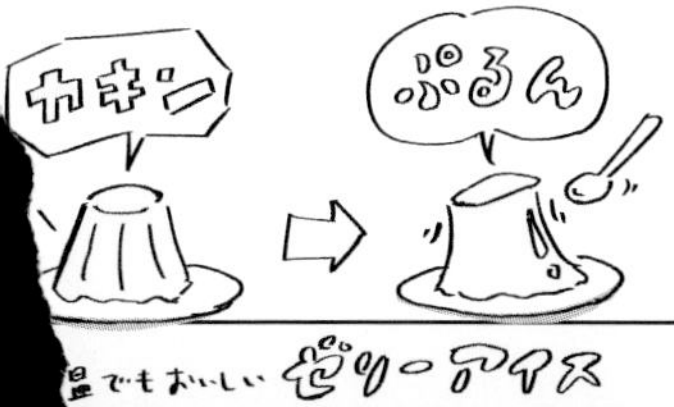

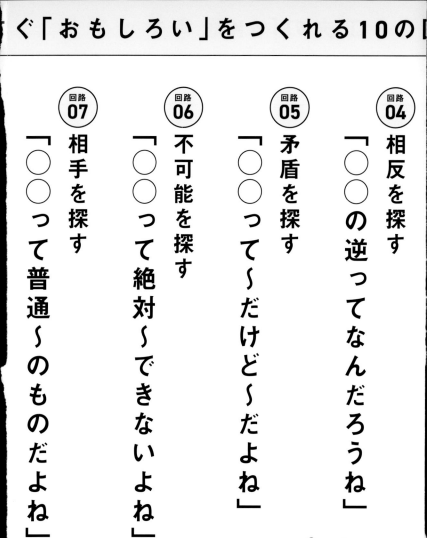

工夫の「4K思考マップ」

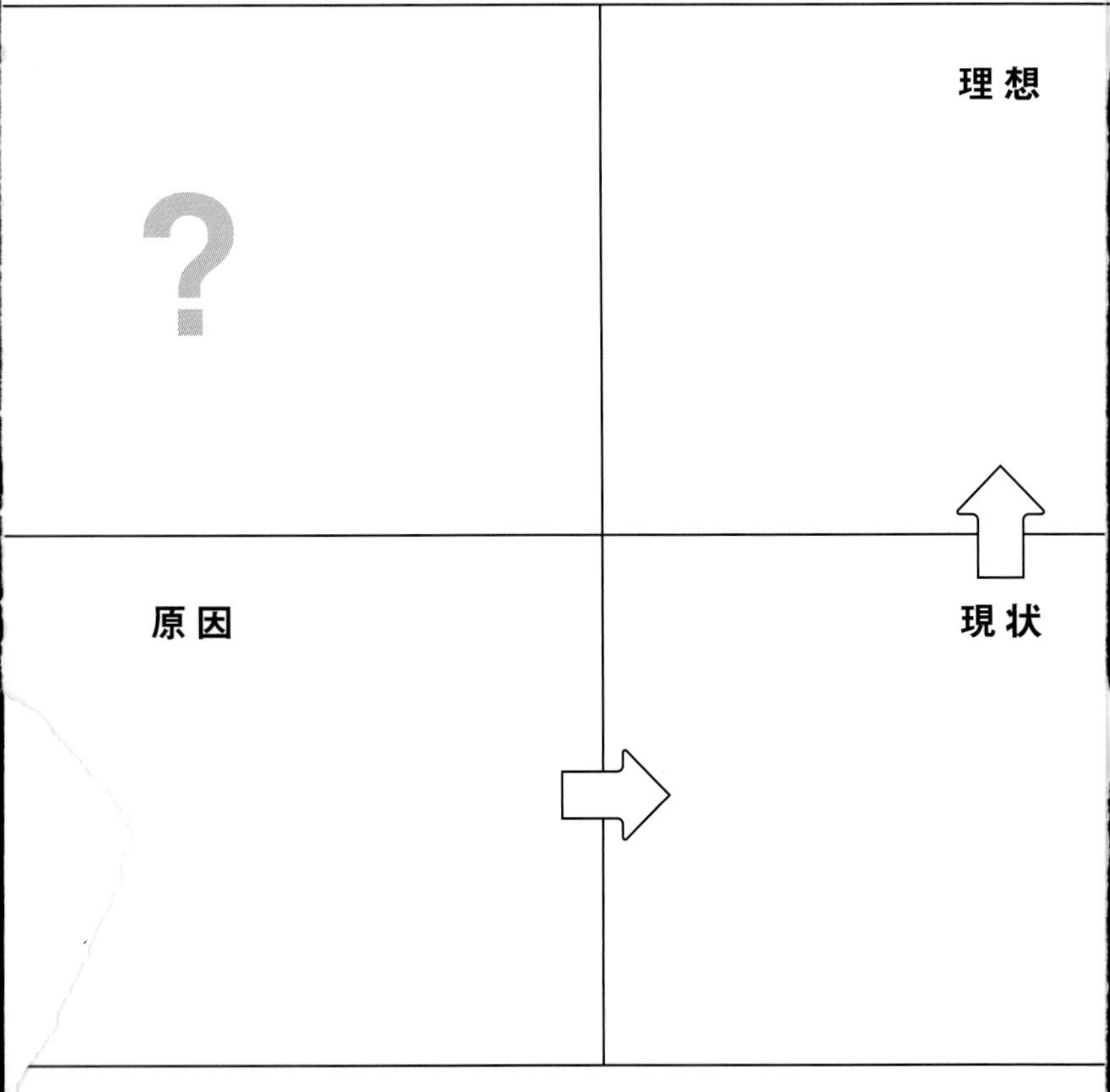

Ⅱ 工夫の4K

うまくいっていないこと
想的な状態なのか
している理由

次にそれぞれに対する
工夫を考えていきます。

④改善：「これってもっと
⑤解決：「どうやったら～
⑥解消：「そもそもこれ
⑦回避：「いっそのこと

回避

解消

I 問題整理

いま直面している困りごとについて、次の順で書き出してみましょう。

①現状：いま困っていること
②理想：現状がどうなると理
③原因：その現状を引き起こ

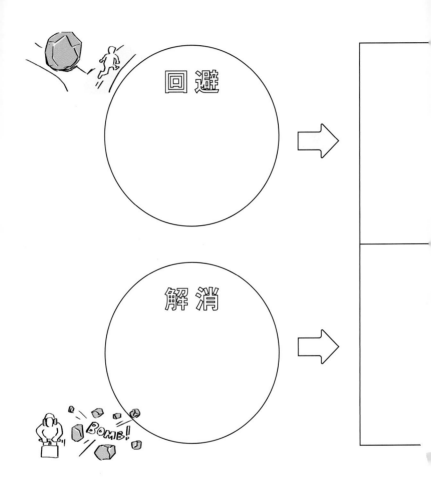

（114ページ参照）

回路 01

常識を探す

「○○ってやっぱり〜だよね」

回路 02

疑問を探す

「そもそも○○って〜なんだろう」

回路 03

極端を探す

「○○の〜をもっと〜してみると」

人を動かすアイデアが
ラクに生まれる仕組み

発想の回路

クリエイティブディレクター／コピーライター
中川諒

ダイヤモンド社

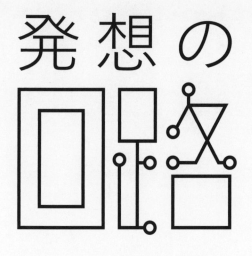

はじめに

「アイデアが思いつかない」
「企画が通らない」
「頑張っても成果が出ない」

この本を手に取ってくださったあなたは、このように悩んだことがあるのではないでしょうか。

「コンテンツ企画」や「商品企画」「事業企画」「広告企画」という仕事があるように「企画」は多くの会社で必要とされる職能です。

にもかかわらず、学校では誰も「企画」を教わっていません。デザインや美術は学校で学ぶことができますが、企画は教えてくれないのです。

学校で学んでいないにもかかわらず、社会人になって企画部署に配属された途端、プロとして企画をする必要がある。

実は企画という職能はとても特殊な環境におかれています。

それは企画が個人のセンスに左右される属人的なものであり、「体系的に教えられるものではない」と考えられているからだと思います。

わたし自身、10年以上企画というものに向き合ってきた中で気づいたことがあります。それは「アイデアや企画をつくるうえで、誰もが自分なりの『発想の回路』をもつ必要があり、その回路さえ自分の中にできればアイデアや企画は自然と生まれてくる」ということです。

そして、それがこの本のテーマです。アイデアや企画が属人的なものであったとしても、それを生み出す「発想の回路」は体系化することができます。この本の中では、汎用的に使える回路を体系化しながら、あなた自身のオリジナルの回路をつくるところまでサポートします。

わたしは新卒で広告代理店に入社し、クリエイティブを希望していました。

しかし入社してから7年もの間、その夢は叶いませんでした。

入社直後に受けた「クリエイティブテスト」で落ちてしまったからです。

発想力を身につけたい。そう思ってアイデア本を、手当たり次第に読み漁りました。

数々の本を読んで、分かったことがひとつありました。

それは「本を書いたこの人たちがすごい」ということです（笑）。

彼らなりの視点や、モノづくりをするうえで大切にしていることは分かりました。

しかし、クリエイティブに配属されなかったわたしからすると、それらを読んだところで自分自身が何をどうすれば彼らのようになれるのか、全く見当がつかなかったのです。

つまり、いくらアイデア本を読んでも、具体的にどうしたらアイデアが出せるようになるのかは分かりませんでした。

それからは、どうすれば人を動かす企画ができるようになるのかを、ただひたすらに考えて試し続けました。気づけば7年もの月日が経っていました。

その中で気づいたのは「アイデア」や「企画」で結果を出すためには、個人のセンスに頼ってやみくもに努力するのではなく、人に認められた優れたアイデアから自分の脳内に再現性のある「回路」をつくる必要があるということです。

その気づきから、わたしのキャリアは大きく変わりました。才能なしと見なされていたわたしが、自分なりの「回路」をつくった翌年、コピーライターの登竜門と呼ばれるTCC（東京コピーライターズクラブ）新人賞を受賞し、アジア最大級の国際広告賞の若手部門で世界一位になったのです。

ここから大きく流れが変わりました。

念願だったクリエイティブへの異動が叶い、たくさんの企業の広告を企画制作する機会に恵まれました。また、Googleにクリエイティブディレクターとして出向し、シドニーとシンガポールで仕事をすることができました。

そして現在は、外資系コンサルティング会社であるアクセンチュアに転職し、新しい領域でクリエイティビティを発揮しています。本を書いたり、雑誌に連載をもったりと、広告以外のクリエイティブにも力を入れています。

この本では、わたしが「発想力」を発揮するために、何をどうやってインプットし、アイデアを出して、企画を立てているのかを順序立てて説明しています。また仕事で出会った多くのクリエイターたちの思考や技術も参考に、誰でも再現可能な思考術として体系的にまとめました。

広告業界だけでなくどのような業種であっても、商品や事業開発などアイデアや企画が必要な人が実践できるように整理しています。

発想力を身につけたい。

発想とは、アイデアや企画を考えることを指します。発想力がある状態とは、生み出すアイデアと企画の数が多く、質も高い状態です。

では、発想の対象である「アイデア」と「企画」について考えてみましょう。

アイデアが思いつかない。

そう感じている人は、アイデアを大袈裟に捉えすぎている可能性があります。

アイデアとは、個人的な思いつきでいいのです。そしてアイデアは、目の前の問題に対する「工夫」によって生まれます。工夫を使いこなすことで、わたしたちは無限にアイデアを生み出すことができます。この本では工夫を4つに分類し、フレームワーク化することで誰でもアイデアが出せるように整理しました。

企画が通らない。

そう感じている人に、アイデアと企画の違いについて説明します。

アイデアは思いつきでかまわないのに対し、企画は「合意形成」です。

自分の企画を周りの人にイイと思ってもらうためには、他人が何を「おもしろい」と感じるのかを理解する必要があります。

そして、その他人のおもしろいを再現するためのツールこそ、本書のタイトルである「発想の回路」です。

アイデアの電球は、回路なしには光らない。

わたし自身そのことに気がつくのにとても時間がかかりました。

「アイデアはいいけど、企画になっていないね」

そう言われた経験がある人は、本書を読んで「発想の回路」を身につけることで、他人も納得する企画を生み出すことができるようになります。

この十数年、多くのクリエイティブな人たちと仕事をする中で気づいたのは、優れた企画を出し続けられるのは「工夫をやめない人」だということでした。

工夫とは、これまでのあたりまえを疑うことです。今までと違う方法を試すことです。うまくいっていない現状を変えようとする力が工夫です。

「クリエイターに必要なものは、才能か努力か」

わたしはこの質問を何度もされたことがあります。

しかし才能や努力以前に、大切なのは工夫です。

どれだけ豊かな才能があっても、その才能をどう使うかという工夫がなければ、せっかくの才能も無駄になってしまいます。

同じように、工夫のない努力は、ゴールにたどり着けない無駄な努力に終わってしまいます。

わたしが、7年も異動できなかった一番の原因は、工夫が足りなかったからです。

自分なりに多少は努力をしてきたつもりでしたが、それは工夫の足りない努力でした。

そして何度も「自分には才能がない」と、自分にレッテルを貼って落ち込んでいたのです。

工夫には未来を変える力があります。今までの方法を変えず進んだ先には、現状から想像できる未来しか待っていません。

しかし、工夫をすることで、わたしたちは想像もできない未来に向かって進むことができます。

どんな小さな工夫にも、自分の未来を変える可能性がある。

工夫はあなただけのタイムマシーンなのです。

この本を読んだ人が、無駄な努力をしなくて済むように。

そして自分には才能がないと、自分の好きなことを諦めなくて済むように。

アイデアのつくり方、企画の立て方だけでなく、人生においてもどのように工夫すればいいのか、なるべく具体例を交えながら書いています。

周りの人を巻き込んで動かせるようになりたいという人はもちろん、自分の人生を好転させる工夫の方法が知りたいという方にも本書を贈ります。

目次

2章 アイデアは工夫からはじまる
―工夫の4K―

3章　アイデアを「企画」にする ―発想の回路―

4章 あなたの仕事で使えるオリジナルの「回路」をつくる

5章 発想体質のつくり方

6章 工夫は自分の未来を変えるチカラ

1章

なぜ「アイデアはいいけど、企画になっていない」のか？

「アイデアが出ない」と言う人が勘違いしていること

「どうやったらこんなアイデアが生まれるんだろう」
「どうしてあの人はこんなに発想力があるんだろう」

世の中の素晴らしいアイデアやアイデアマンと呼ばれる人をみるたび、わたしたち「凡人」はそんなことを思います。

それと同時に、

「自分にアイデアが出ないのはなぜなのか」
「どうして自分のアイデアは通らないのか」

と自らの「凡庸さ」を憂うかもしれません。


あの人には才能があるから、わたしとは違う。

あの人は努力できる人だから、わたしとは違う。

そのように他人と自分を切り離して、自分に都合のいい言い訳を心のどこかで並べてしまう。


わたし自身がそうでした。


「発想力のある人になりたい」。

これはわたしが、この15年近く追い求め、苦しめられ続けている理想の自分の姿です。

わたしは大学で、日産のＢｅ－１やＰＡＯ、オリンパスのＯ・ｐｒｏｄｕｃｔなどを手がけたコンセプターの坂井直樹さんの下でプロダクトやコンセプトデザインを学びました。

その後、広告会社の電通に新卒で入社し、後にはクリエイティブディレクターやコピーライターとして企業や団体のコミュニケーションの企画と制作の仕事をするようになりました。

世間一般からすればわたしは「発想力がある」ように見えるのかもしれません。

しかしわたし自身が認識する自分の姿は、それとはほど遠いものでした。

実際、わたしは新入社員時代には企画制作をするクリエイティブの部署には配属されませんでした。

社内の「クリエイティブテスト」に合格し、営業の部署から異動して念願のコピーライターの名刺をもらったのは8年目のことでした。

わたしがこれまでに参加した企画の打ち合わせは1000を超えます。

自分自身で出した企画は1万を超えるでしょう。

そして10年以上、広告やコンテンツの企画の現場を目の当たりにして気がついたことがあります。

それは**「アイデアは閃《ひらめ》きではなく、いつも工夫から生まれる」**ということです。

「アイデアが出ない」と言う人の大きな勘違いのひとつが、「アイデアは閃くもの」と信じていることです。

残念ながら、アイデアの電球は突然光りません。

予算、時間、人的資源などの制約。あらゆる問題を乗り越えようと工夫したときに、アイデアが生まれるのです。

漫画やアニメのように、アイデアの電球が突然光る閃きを待っていてはいけません。

POINT 8

アイデアの電球は突然光らない。

問題を乗り越える工夫からアイデアが生まれる。

アイデアは閃きではなく工夫からはじまる

アイデアは閃きではなく、いつも工夫から生まれます。

そして工夫の出発点は、「うまくいかない状況」です。

うまくいっていないからこそ、その状況を脱するために人は工夫しはじめます。

たとえば日本を代表するプロダクトも、最初は小さな工夫から生まれています。

世界生産累計台数1億台を超えて、電動機つきモビリティ生産台数世界最高記録を樹立したホンダの「スーパーカブ」。

この発明もホンダ創業者の本田宗一郎氏が、買い物帰りの妻が重い荷物を載せて自転車で走っている姿を見て、戦後不要になって大量に余っていた陸軍の無線用のエンジンを補助動力として自転車に装着してみたという工夫から生まれました。

世界販売台数1億163万台を記録した家庭用ゲーム機、任天堂Wii。

コンセプトワークを手がけた玉樹真一郎氏の『コンセプトのつくりかた』(ダイヤモンド社)によると、テレビゲームが家庭の中で悪者扱いされていたことが発想の出発点になったそうです。

悪者扱いの原因となっていたのが、家族の誰か一人がテレビゲームをするとリビングのテレビを独占し、家族の分断を生むことでした。

そこで開発チームは「鍋を囲むようなゲーム」というコンセプトをつくります。家族みんなで鍋をつつくように、誰でも参加できるゲームや世界観づくりを工夫したことが、Wiiの大ヒットの要因となりました。

ホンダのカブや任天堂のWiiなど、日本にとどまらず世界中で愛されているこれらの商品。できあがって成功しているアイデアだけを見ると、自分も同じアイデアが出せるとは到底思えません。

しかし、それらの素晴らしいアイデアも、小さな工夫が出発点だったのです。そう考えると、少し勇気が湧いてくるのではないでしょうか。

うまくいっていない状況は、強いアイデアを生みます。

それは自分だけでなく、他の人たちも同じことで困っている可能性があるからです。

自分の困りごとは、誰かの困りごとである可能性が高い。

だから工夫から生まれるアイデアは強くなるのです。

「アイデアを出してください」と言われると、どこから考えていいか迷ってしまうものです。

しかし、「どうすれば毎日がもう少しうまくいくと思いますか？　工夫できることを考えてみてください」と言われると、頭は動き出します。

自分の目の前の困りごとに対する、小さな工夫を考える。

そう聞くと、アイデアをつくることも簡単に感じてきませんか？

少しでもそう感じることができれば、あなたはもうアイデアを考えるスタートラインに立っています。

POINT

1

工夫の出発点は「うまくいかない状況」。
自分の困りごとは、誰かの困りごと。

企画をつくる5つのプロセス

ここでわたしが企画をするときの基本となる5つのプロセスを紹介します。
「1素人考え⇩2リサーチ⇩3問題整理⇩4アイデア出し⇩5企画作り」です。

1 素人考え

まずひとつめの**「素人考え」**について説明します。
「企画をしてください」と言うと、ネットなどで情報収集やリサーチからはじめるのが一般的かと思います。しかし、わたしはそれをしないようにしています。

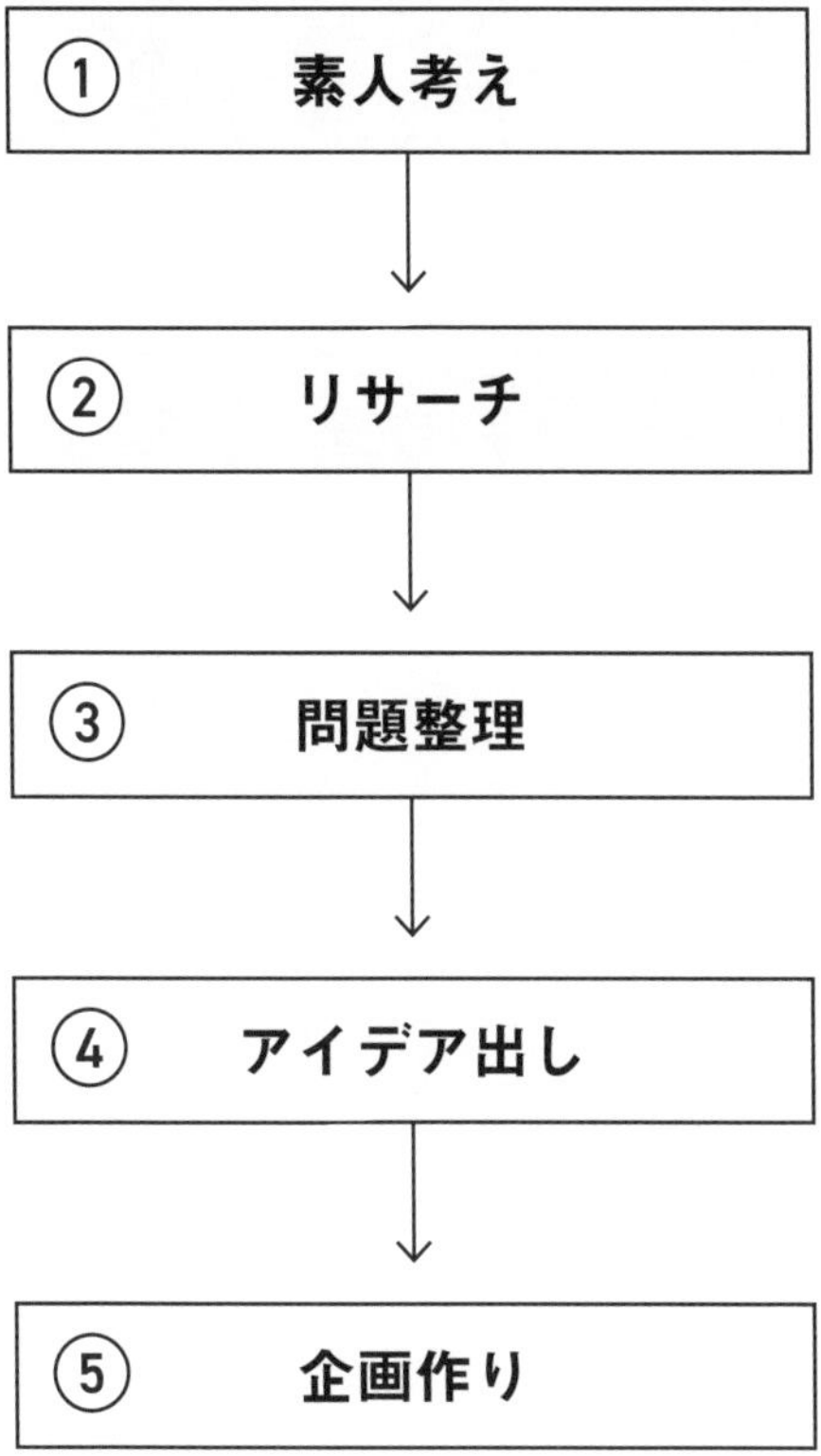
① 素人考え
② リサーチ
③ 問題整理
④ アイデア出し
⑤ 企画作り

企画のプロセス

当たり前ですが、リサーチをしてしまうとその業界や商品について詳しくなってしまうからです。

わたしはその前に、**「素人の自分の考えを書き留めておく日」**を必ず1日つくるようにしています。

それは**素人の自分が、リアルな消費者に一番近い**からです。

NETFLIXで若いファッションデザイナーが25万ドルという支援をかけて戦う番組『NEXT IN FASHION』で審査員として登場したトミー・ヒルフィガーは、若いデザイナーたちに向けて〝Your first idea is your best idea.(あなたの最初のアイデアがあなたの一番のアイデアです)〟とアドバイスしていました。


企画を仕事にしていると、「企画を発信する側」つまり企業側の視点で物事が進んでしまうことは多々あります。

だからこそ、業界や商品について知ってしまう前の「消費者の視点」をもてる時間は貴重です。

2 リサーチ

プロセス2番目の**「リサーチ」**では、あらゆるプラットフォームで検索をかけます。Googleはもちろん、TwitterやInstagramのハッシュタグにも一通り目を通します。そして意外と生の声が出ているのがYouTubeのコメント欄です。コンテンツに対してその場ですぐリアクションして書くという特性があるからです。

ネットでのリサーチによって、世の中の人が対象となる商品やブランドに対し、どのような思いをもっているのかを把握します。

また、**店頭（現場）にも必ず足を運びます。**

それはどのような人が、どうやって商品を買っているのかを知るためです。

自分で買ったことがなかったり、食べたことのない商品はできるだけ試してみます。

担当したクライアントがタバコの会社だったときは、人生で初めてタバコをコンビニで買って1ヶ月吸いました。担当したクライアントがバイクの会社だったときは、教習所に行って免許をとってバイクを買いました。

自分も**消費者として同じ体験をすることで、より解像度高く思考することができる**からです。もちろん、できる範囲で構いませんが、自分で体験しないと気づけないことは確実にあります。

3 問題整理

3番目の**「問題整理」**は、自分なりの問題意識を探す作業です。状況を構造化して分析することで、どの問題についてアプローチすることで企画が生まれるかを探ります。

ちなみに「問題」と「課題」という言葉はよく混同して使われます。

「問題」とは今の望ましくない状態のことです。

そして**「課題」とは望ましくない今の状態から理想の状態になるために「やるべきこと(What to do)」**を指します。

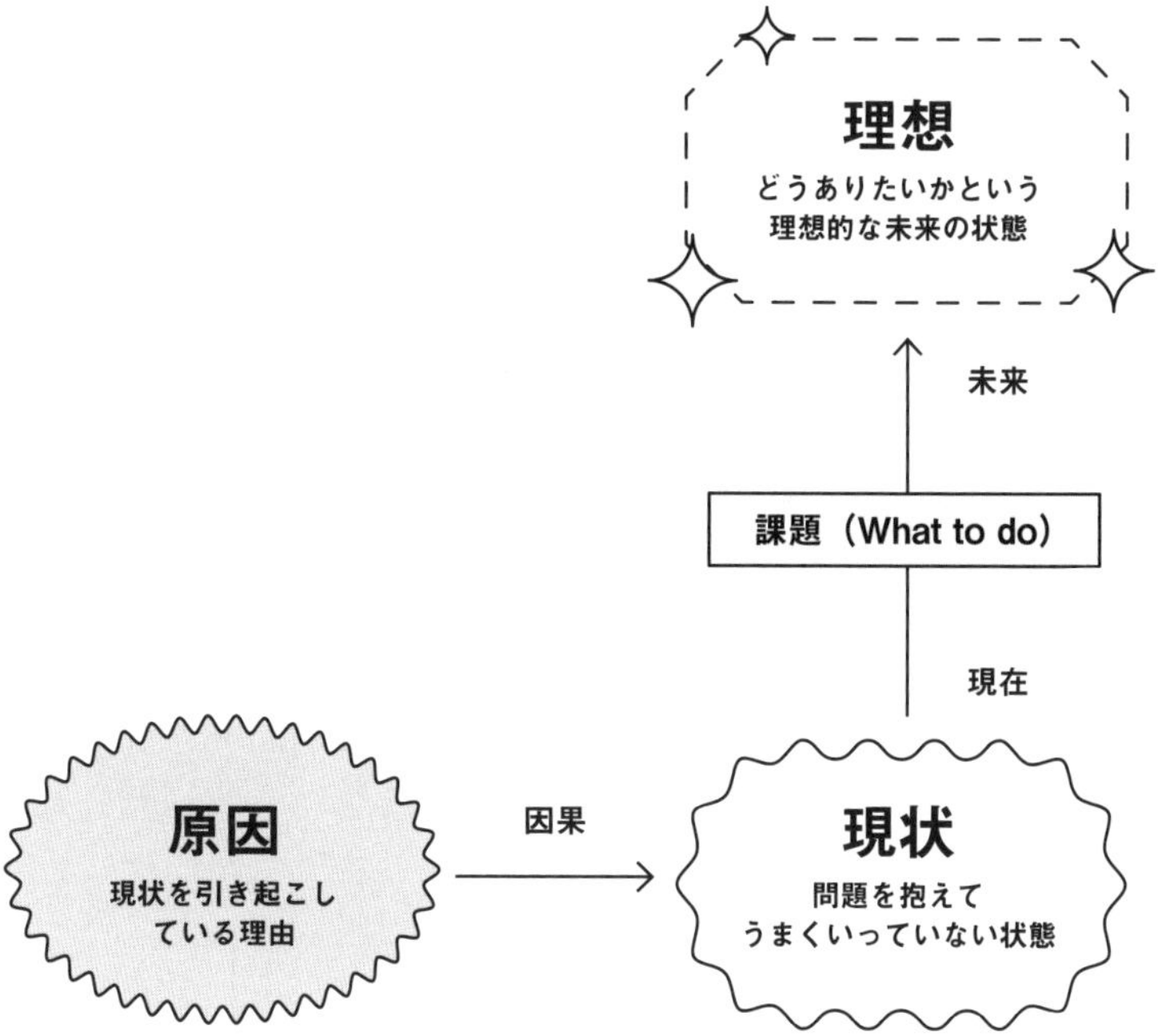
理想
どうありたいかという
理想的な未来の状態
未来
課題（What to do）
現在
原因
現状を引き起こし
ている理由
因果
現状
問題を抱えて
うまくいっていない状態
問題整理

問題整理の手順は以下の通りです。

ここで整理したいのは「現状」、「原因」、「理想」の3つです。

「現状」は、**問題を抱えてうまくいっていない状態**です。

そして**「原因」**は、その**現状を引き起こしている理由**です。

最後に**「理想」**は、**どうありたいかという理想的な未来の状態**です。

これらを書き出して構造的に整理することで、現状を改善するのか、原因そのものを解消するのかなど、アプローチを視覚的に検討できます。

4 アイデア出し

4番目が、いよいよ肝心の**「アイデア出し」**です。
前のプロセスで整理した**問題に対して、できる工夫を複数考えるのがわたしのアイデア出しの定義**です。これは2章で詳しく説明します。

5 企画作り

5番目がようやく**「企画作り」**です。

「アイデア出し」で出した工夫の中で、どれが一番「理想の結果」に近づけるかを精査していきます。そして周りの理解が得られるような意味付けや価値を定義づける作業をします。**ここで必要となるのが3章で説明する「発想の回路」**です。

POINT

企画の基本となる5つのプロセス
1素人考え⇩2リサーチ⇩3問題整理
⇩4アイデア出し⇩5企画作り

アイデアと企画の違い

「そもそもアイデアと企画って一体どう違うの？」

先ほどの5つのプロセスの解説の途中、そう感じた方もいると思います。
実際「いいアイデアが出ない」とも「いい企画が出ない」とも言うように、アイデアと企画は、似たような意味をもつ言葉として使われています。

しかし、「アイデア」と「企画」は似て非なるものです。
違いをひとことで言うならば、**「アイデアは思いつき、企画は合意形成」**です。

まず前提として、アイデアは自由です。わがままでいい。

どんなくだらない思いつきも、アイデアです。

極論を言うと、そのアイデアをおもしろいと思っているのは、自分だけでもいい。他人がおもしろいと言ってくれなくたっていい。

アイデアを電球でたとえると、その電球はどんな形状でもよく、光ることで誰かの役に立たなくてもいいのです。

思いつきは、自身のこれまでの経験の中から生まれます。

アイデアはこれまでに自分が見たり聞いたり、体験したものの蓄積からしか生まれません。パーソナルな価値観が根っこにあるだけに、自分だけがおもしろいものにとどまる可能性は十分にあります。だから「おもしろくないアイデアだ」と他人に言われるのは当然といえば当然です。個人の思いつきなのですから。


一方で、企画は合意形成です。

企画にお金を出す人、企画に参加する人など、周りの人を巻き込みながら進まなければなりません。

つまり、**他人におもしろいと思われないアイデアの電球を、企画では光らせる必要があります。**

突拍子もないアイデアは、残念ながら周りの人には理解できません。

他人にもおもしろいと思ってもらうためには、「人がおもしろいと感じる回路」にハマっている必要があるのです。

アイデア出しが光る前の「電球のカタチをつくること」であれば、**企画作りはその電球に誰かを照らす「明かりを灯すこと」**です。

そして明かりを灯すには回路が必要なのです。

「アイデアはおもしろいが、企画になっていないね」

これはわたしが新入社員時代に、よく言われていたことです。

当時のわたしには、その意味が分かるようで分かりませんでした。

「なんでアイデアはおもしろいのに、企画になっていないの?」

「どうしたらアイデアは企画になるの?」

「そもそもアイデアと企画はどう違うの?」

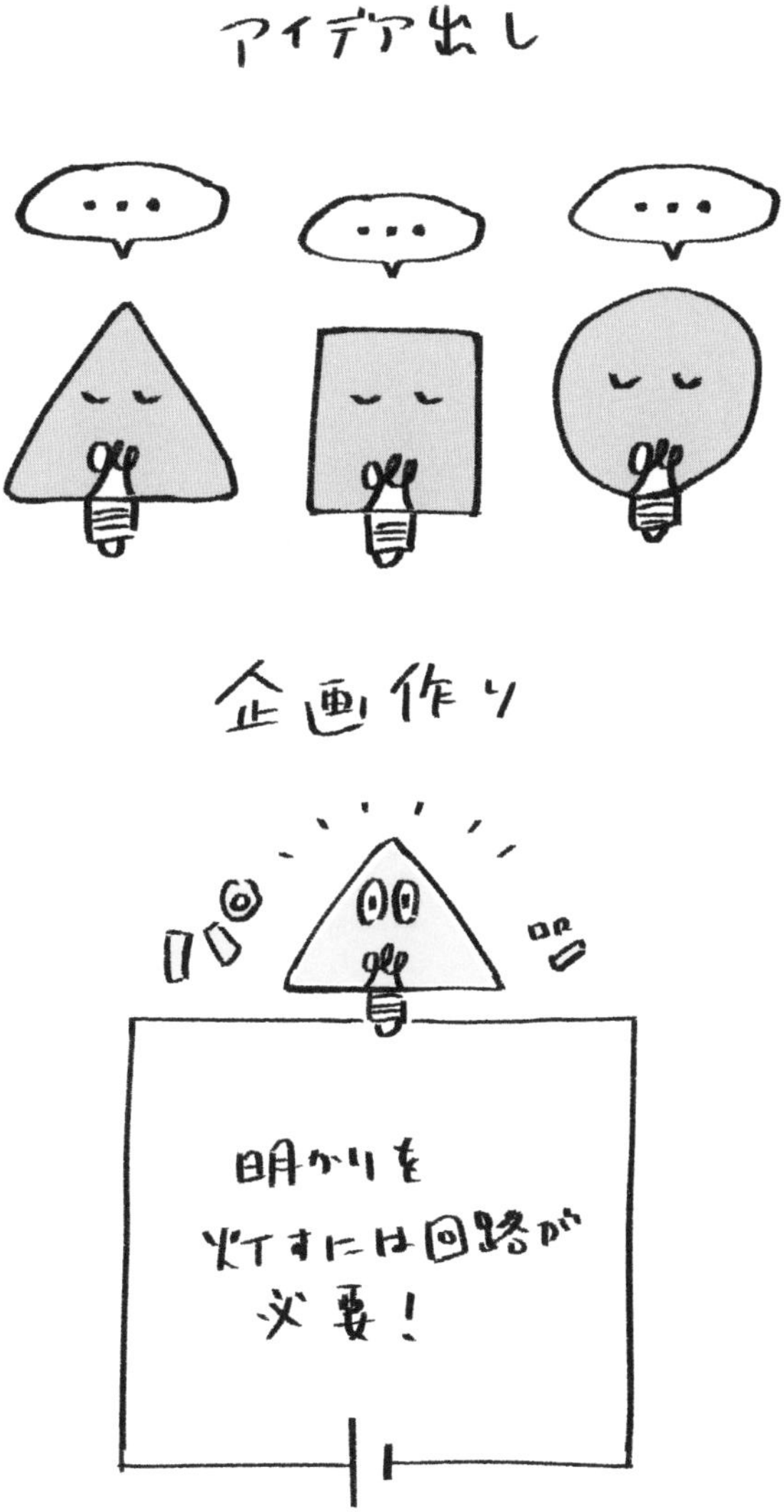
アイデア出し
企画作り
パ
明かりを
灯すには回路が
必要!

アイデアと企画の違いを理解していなかったことで苦労しました。

今思うと当時のわたしは、アイデアの電球をつくる力はあったかもしれませんが、それを光らせるための回路に気づけていなかったのです。

加藤昌治氏の『考具』（ＣＣＣメディアハウス）では「アイデアは企画の素」で企画は「アイデアをフィージビリティスタディしたもの」と表現されています（フィージビリティスタディ＝実現の可能性を調査すること）。

目の前にある案が、アイデアの段階にあるのか、企画の段階にあるのかを見定められるようになることが「いい企画」にたどり着くための最初の一歩であり、大きな第一歩となるのです。

POINT

8

アイデアは「思いつき」。
企画は「合意形成」。

「いい企画」の条件

では「いい企画」とは一体どのようなものでしょうか？

基準は2つあります。

ひとつはギャップがあっておもしろいこと。

2つめは誰かの欲望を叶えられること。

この2つを他人と合意できるものが、いい企画です。

たとえばあなたが、化粧品会社に勤めるヘアワックスの新製品開発責任者になったとします。

念願だった新製品の開発をはじめて任されたあなたは、今回のプロジェクトをなんとしてでも成功させたい。
そこであなたは企画会議にむけて、若手のAさんとBさんに企画出しをお願いしました。
数日後、最初の会議でAさんとBさんはそれぞれ案をもってきました。

Aさん案：ハンドクリームにもなるヘアワックス
問題：髪の毛を直したあと手に残ったヘアワックスのベタベタが嫌。
工夫：そのままハンドクリームとして使うことができる。

Bさん案：食べられるヘアワックス
問題：髪の毛を直したあと手に残ったヘアワックスのベタベタが嫌。
工夫：手に残ったヘアワックスを舐めとることができる。食べることもできる。

少し極端な2案にしてみましたが、あなたはどちらがいい企画だと思いましたか？

ハンドクリームになるヘアワックス
スリ
スッ
HAIR & HAND WAX
Aさん案

食べられるヘアワックス
EDIBLE HAIR WAX
朝ごはんこれでいいや
Bさん案

おそらく、Ａさんの「ハンドクリームになるヘアワックス」の方がいい企画だと感じたのではないでしょうか。

では、なぜそちらの方がいい企画か説明できるでしょうか。

さきほどのわたしの基準でいうと、どちらもヘアワックスという商品からはギャップのあるおもしろいアイデアになっています。

しかし、誰かの欲望が叶うのはＡさんの案であるのは明らかです。

サバイバルな極限状況を除いて、ヘアワックスを舐めたり食べたりしたい人はいないでしょう。

つまり現状の企画で合意形成ができるのは、Ａさんのハンドクリームにもなるヘアワックスとなります。

「アイデアはいいんだけどね」という半分慰めのようなやわらかい否定を、上司や先輩に言われた経験は、誰にでもあるでしょう。

ぜひ、「合意形成」という基準から、改めて自分の企画を見直してみてください。
また、もしあなたが誰かのアイデアの是非を判断する際に悩んだら、この基準で目の前の企画を評価してみてください。

POINT 1

合意できる「いい企画」の基準

1 ギャップがあっておもしろいこと。

2 誰かの欲望を叶えられること。

アイデアを企画に変える「発想の回路」

自分だけがおもしろいと思っているアイデアを、他人にもおもしろがってもらう企画にするために必要なもの。

それが本書のタイトルでもある「発想の回路」です。

アイデアの電球はあっても、その電球が光って見えないのは、それを光らせる回路がないからです。

あなたのアイデアは、周りを照らしてはじめて誰かの役に立つのです。

アイデアは自分本位でいい。

でも企画にするためには他人の合意を得られないといけない。

この構造的に大きな矛盾に、わたしたちは最も苦しめられるのです。

わたし自身、若手の頃はずっと「どうして自分はおもしろいと思っているのに、周りの人はおもしろいと思ってくれないんだろう」（ここだけ読むとずいぶんと生意気な若手ですが…）と本当に思っていました。


本来アイデアは自由なので、アイデアの電球をつくるチカラは誰にでも備わっています。

とはいえ「アイデアが出ない」と悩む方も多いと思います。

わたし自身、アイデアは無限に存在しうるということは分かっていながらも、毎日のように「アイデアが出ない」と感じてしまいます。


もちろん時間が無限にあれば、たっぷり時間を使ってアイデアを考えられます。

しかし現実は甘くありません。

仕事でアイデアが必要であれば、必ずそこには締切が存在します。

一定の時間の中で、必要な要件を達成するためにはある程度コツが必要です。

アイデアと企画のフェーズの違いが分かると、どこに自分の苦手意識があるのかが浮き彫りになってきます。アイデアの出し方に課題意識がある人は、次の2章を重点的に読んでください。アイデアを考えるうえでのコツと、助けになるフレームワークを用意しています。

アイデアはあるけど、企画が通らないという方には、3章と4章で説明する、周りが納得する企画にするための「発想の回路」が役に立つと思います。

POINT

アイデアを企画にするために必要なものが「発想の回路」。

2章

アイデアは工夫からはじまる
―工夫の4K―

どこからアイデアを考えればいいのか分からない

アイデア本のバイブルとして知られる『アイデアのつくり方』（ジェームス・W・ヤング著／CCCメディアハウス）には「アイデアとは既存の要素の新しい組み合わせ以外の何ものでもない」とありますが、この仕事をはじめたばかりのときのわたしは、既存の何と何を組み合わせたらいいのか、どんな組み合わせが新しいのかが分かりませんでした。

「そもそも何から考えていいのか分かりません」という状態です。

「ぜんぜんアイデアが浮かばない」と悩む方も、おそらく同じ状況かと思います。

そこでこの章では、「アイデアを出すために、そもそも何から考えればよいのか」について解説します。

ヒントとなるのは、**「アイデアはうまくいかないことから生まれる」**ということです。

アイデアは、うまくいかない状況から脱出するための「工夫」から生まれます。

工夫は3つのプロセスでできています。

「うまくいかない⇩別の方法を考える⇩試してみる」この3つです。

この工夫のプロセスの真ん中にある「別の方法を考える」が「アイデア」なのです。

うまくいかないから、別の方法を考える。

それを試してみると、またうまくいかないから、別の方法を考える。

アイデアはうまくいかない状況から生まれ、そのアイデアを試すことで、別のアイデアにつながっていく。

ダメだ
うまく
いかない
あれを
こうしたら……
別の方法を
考える
トライ!
試してみる

何から考えればいいのか分からないという人は、

1　うまくいっていない状況に着目してみる

2　考えたことを試してみる

この2つをやってみてください。必ずアイデアが生まれてくるはずです。

POINT

アイデアが浮かばないという人は

1 うまくいっていない状況に着目してみる。

2 考えたことを試してみる。

4つのアイデアがすぐに生まれる「工夫の4K」

「いやいや、『アイデア＝工夫』ってことは分かったけど、その工夫の仕方が分からないんだよ」と思われた方もいるかもしれません。

たしかに、「もっと工夫しろ」とだけ言われても、具体的に何をすればいいのか分からないですよね。

では、工夫をもう少し深掘りしてみましょう。

工夫には4つの種類があります。

① 改善

「これってもっと～できないかな？」

② 解決

「どうやったら～できるか？」

③ 解消

「そもそもこれって～できないかな？」

④ 回避

「いっそのこと～できないかな？」

｜工夫の4K｜

「改善、解決、解消、回避」の4つです。これを**「工夫の4K」**と呼ぶことにします。

この4つのアプローチの違いが理解できれば、同じ問題に対して少なくとも4種類のアイデアが出せるようになります。

この4Kを、実現する心理的ハードルの低い順に説明していきます。

ひとつめは**改善**です。

改善案は**「これってもっと〜できないかな？」**という工夫です。

改めて辞書（旺文社国語辞典）を引くと、改善は「悪い点を改めてよくすること」とあります。

目の前の**うまくいっていない状態に対して、「今できる調整」は改善につながる工夫**です。

「これってもっとよくできないかな？」という疑問や質問が改善のヒントとなります。

2つめは**解決**です。

解決案は**「どうやったら〜できるか？」**という工夫です。

辞書では「問題・事件などに決着をつけること」とあります。

つまり**解決は、結果に注目してうまくいっていない状況を処理すること**です。

「どうやったらいい結果になるか？」という質問が解決案の入口になります。

3つめは**解消**です。

解消案は**「そもそもこれって～できないかな？」**という工夫です。

辞書では「それまであった状態・取り決め・関係などが消えてなくなること。また消滅させること」とあります。解決案が結果に注目しているのに対し、**解消案はうまくいっていない状態になる「原因」そのものを排除すること**です。

「そもそもこれって必要なのかな？」という「そもそも論」が解消を考える糸口になります。

最後は**回避**です。

これは**「いっそのこと～できないかな？」**という工夫です。

辞書では「悪い結果になることをおそれて、物事を避けようとすること」とあります。

これは**今うまくいっていないことをやめて、全く別のことをはじめること**です。

問題の解決を諦めるということでもあり、問題を先延ばしすることでもあります。

「いっそのこと別のことをやってみない？」という勇気ある提案が回避案の入口です。

改善、解決、解消、回避の違い

鋭い人は、ここで「改善と解決は分かったけど、解消と回避の違いが分かりにくい」とおっしゃるかもしれません。

解消と回避はどちらも抜本的な変更ではあるものの、**問題を取り除くのが解消で、問題を先延ばしにするのが回避という大きな違いがあります。**

アイデアという文脈でいうと、賞賛されやすいのは解消と解決です。

なぜならこの2つは問題そのものを取り除いたり、問題に決着をつけられるからです。

しかし思い出していただきたいのは、アイデアは自由だという前提です。

回避も改善も立派な工夫であり、大切なアイデアのひとつなのです。

「アイデアが出ない」と言う人は、解消や解決につながる工夫だけがアイデアだと思っている可能性があります。

ただ世の中を見回してみると、存在する問題の多くは一人では解決・解消できないものばかりです。

あなたがすべて解決・解消しなくてもいいのです。もし目の前の問題がネックで前に進めないのであれば、改善するだけでも十分。問題を先送りして、回避したっていいのです。


もう少しそれぞれの違いをイメージしやすいように図にしてみたいと思います。

たとえば山を登るときに、大きな岩が障害となり道を阻《はば》んでいたとします。

ここで「問題の整理」をしておくと、うまくいっていない現状は、岩が邪魔して進めないという状況です。

そしてその「原因」は、行く手を阻む大きな岩。「理想」は、山を登れる状態ということになります。

ひとつめの**改善**は、**障害となっている岩を少しずつ削っていく**イメージです。
岩＝原因はまだ残ってはいますが、いつか通れるようになるかもしれません。

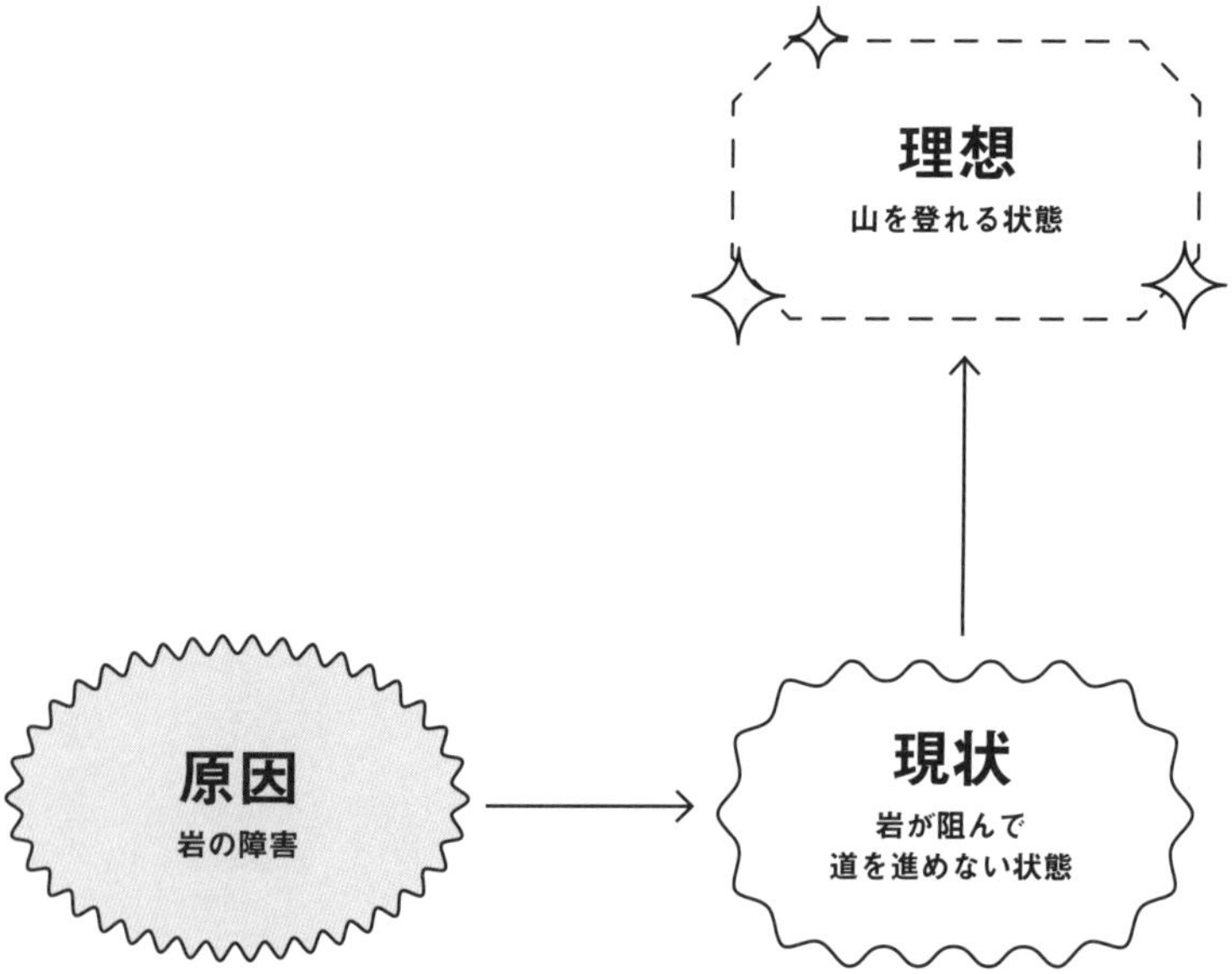
理想
山を登れる状態
原因
岩の障害
現状
岩が阻んで
道を進めない状態

問題整理（山登りの例）

2つめの**解決**は、**岩をテコで動かして通れるようにする**イメージです。岩＝原因が道からは外れて通れるようになりましたが、道の横にまだ岩＝原因は残っているのです。誰か別の人が通ろうとしている道に、もしかしたら岩が転がっていったかもしれません。これが結果だけに注目する解決です。

3つめの**解消**は、**岩を爆破する**イメージです。岩＝原因は木端微塵になって、道を通ることができます。

最後に**回避**は、**岩＝原因を避けて別の道を探す**イメージです。自分だけは新しい獣道を見つけて進むことができますが、岩＝原因は道のど真ん中に残ったまま。次に通ろうとする人は同じ問題に直面するでしょう。

ご覧いただいた通り、**解決と解消は大掛かりな方法が必要となります**。テコに使う棒を手に入れたり、爆薬を扱える人を探してこないといけません。この2つの心理的ハードルが高いことはイメージいただけたかと思います。

改善
解決
BOMB!!
解消
回避

まとめると、改善は他の3Kに比べると比較的簡単にできる対症療法ですが、問題が再発する可能性があります。

解決は結果は好転しますが、結果だけにアプローチしているため問題の原因とは付き合い続けることになります。

解消は、原因から根治できますが、大きな決断が必要になります。

回避は問題の原因はそのままですが、自分は向き合わなくてもよくなります。その代わり自分以外の誰かが向き合わなくてはいけなくなる可能性があります。

POINT

改善、解決、解消、回避の「工夫の4K」でアイデアを出す。

工夫の「4K思考マップ」でアイデアを出す

工夫の4Kのそれぞれの違いをご理解いただいたところで、この4Kを最大限に活かすための**「4K思考マップ」**を紹介します。巻頭のジャバラも同じものです。こちらに書き込んでいただいてもかまいません。

まずは64ページの図のように4つのマスを描きます。**そして右上から時計回りに「理想」「現状」「原因」「?」と書いてください。**それから、それぞれのマスに理想の状態、うまくいっていない現状、現状を引き起こしている原因を書き込んでいきます。

この時点では「?」の枠は無視してください。

そして枠外から4マスに対してアプローチする矢印を書き入れます。

理想にアプローチするのが「解決」、現状にアプローチするのが「改善」、原因にアプローチするのが「解消」、最後に回避は全く別のアプローチをとることなので**「？」にアプローチするのが「回避」**です。

書き入れるときは、**現状（いま困っていること）、理想（どうなると理想的か）、そして原因（困りごとの原因）の順で入れていくと整理しやすい**と思います。

そして工夫の案を考えるときも同じマスの順に考えましょう。心理的ハードルが低い、改善・解決・解消・回避の順で考えると、アイデアを考えやすいと思います。

それぞれをマップのように整理して可視化することで、思考が迷子になりにくくなります。

いまどこを考えているのか、次はどこを考えなければいけないのか、そしてどこをまだ考えていないのかが明確になります。

アイデア出しをしていると迷子になることがよくあります。複数人でアイデア出しをしていればなおさらです。

まさに地図のようにこのマップを見ながら議論すれば、自分たちが今どこにいるのかが

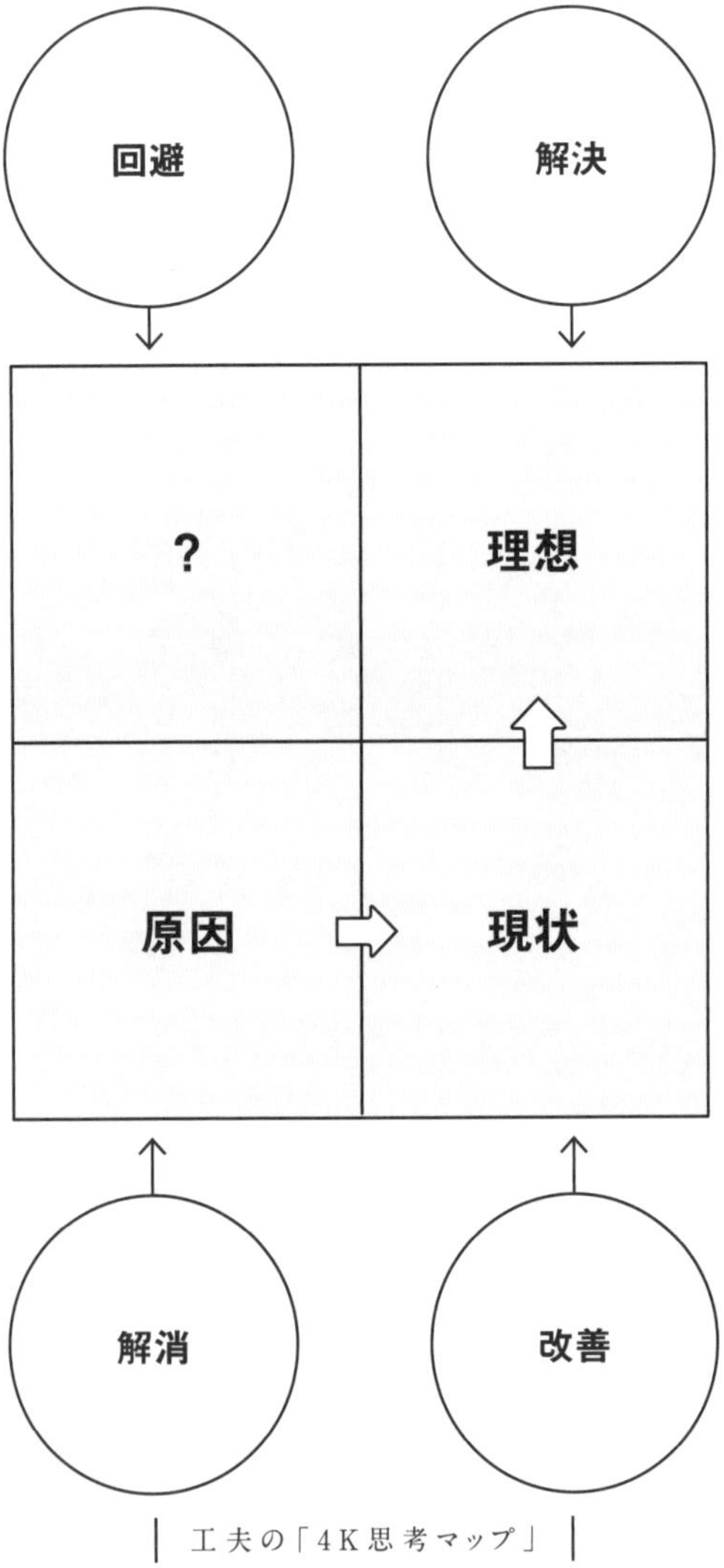

工夫の「4K思考マップ」

明確になり、議論が進みやすくなるはずです。

4マスと余白さえあればどこでも書けるので、複数人で話す場合はホワイトボードなどをみんなで見ながら議論することをオススメします。

では、実際に4Kを使ってアイデアを出してみましょう。

具体例1 地方のパン屋さんの悩み

たとえば、とても美味しいパン屋さんからこのような相談を受けました。

「お店が地方にあるので地元の人しか来ることができない。でもこれからのことを考えると、新しい顧客も獲得したい」

どのようなアドバイスができるでしょうか？

「4K思考マップ」を使って、4種類のアイデアを出してみたいと思います。

まずはさきほどの情報で問題整理をしてみます。

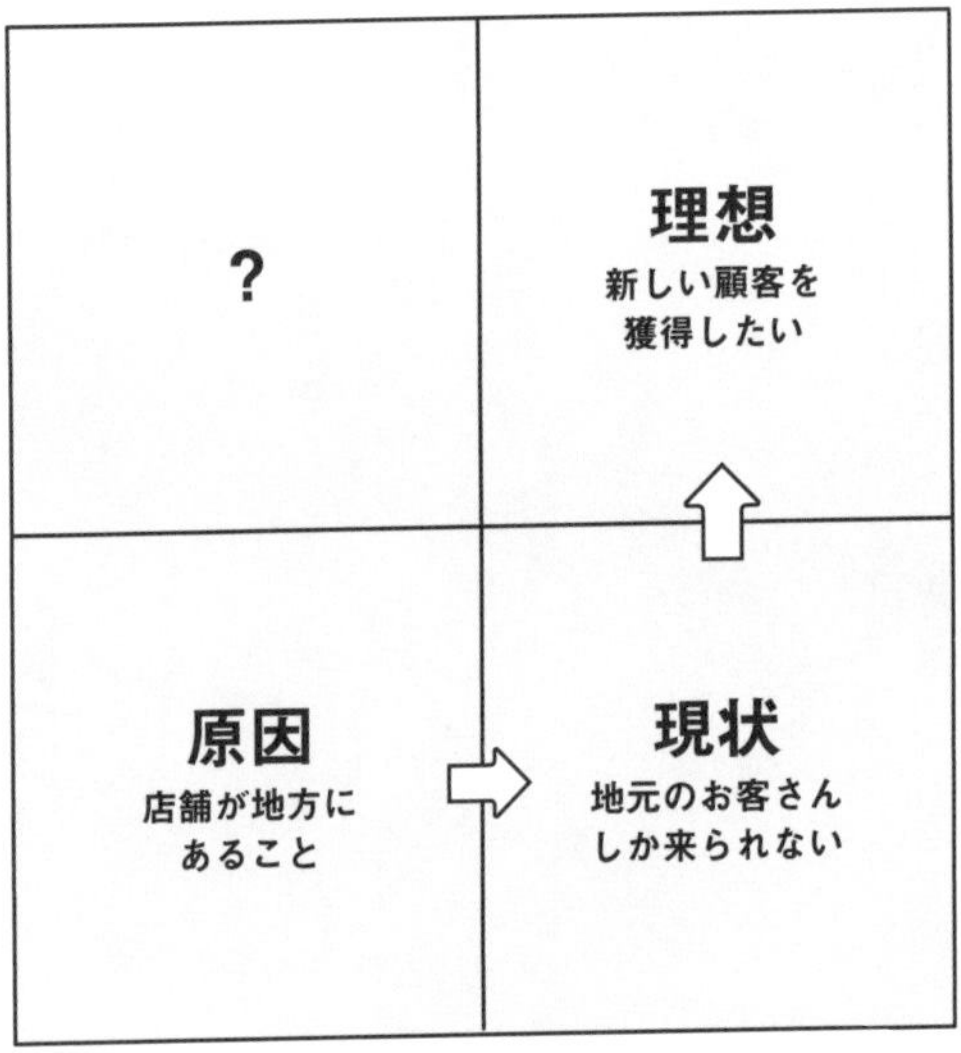
?
理想
新しい顧客を
獲得したい
原因
店舗が地方に
あること
現状
地元のお客さん
しか来られない

問題整理（パン屋）

現状の困りごとは、地元のお客さんしか来ることができないこと。
その原因は、店舗が地方にあること。
そして理想は、新しい顧客を獲得したいということです。
問題の整理が終わったら早速それぞれの工夫を考えていきます。
おさらいすると4Kはそれぞれ次の質問からはじめてみると考えやすいです。

①**改善**：「**これってもっと**」からはじめてみよう
②**解決**：「**どうやったら**」からはじめてみよう
③**解消**：「**そもそも**」からはじめてみよう
④**回避**：「**いっそのこと**」からはじめてみよう

①**改善案**
考えやすい改善案からはじめてみます。

地元の人しか来られないのであれば「**これってもっと**地元以外でも売れないんだろうか？」ということで、販路を増やすのはどうでしょう。

他の地域の販売店と契約してパンを売る場所を増やしていきます。店舗が地方にあるという原因はそのままですが、新規顧客の獲得には近づきそうです。

②解決案

次は解決案です。

「**どうやったら**、新しい顧客を増やせるんだろう?」ということで、冷凍パンをはじめるのはどうでしょう。焼きたてのパンを急速冷凍してオンラインで全国販売します。新しい設備の導入が必要になるのでやはり改善案よりはハードルが上がりそうです。

③解消案

次は解消案を考えていきましょう。

原因が店舗が地方にあることなら「**そもそも**お店があるのがいけないのでは?」と大胆に考えてみます。

そこで店舗を閉めて、移動販売に切り替えます。これは店舗が地方にあるという原因そ

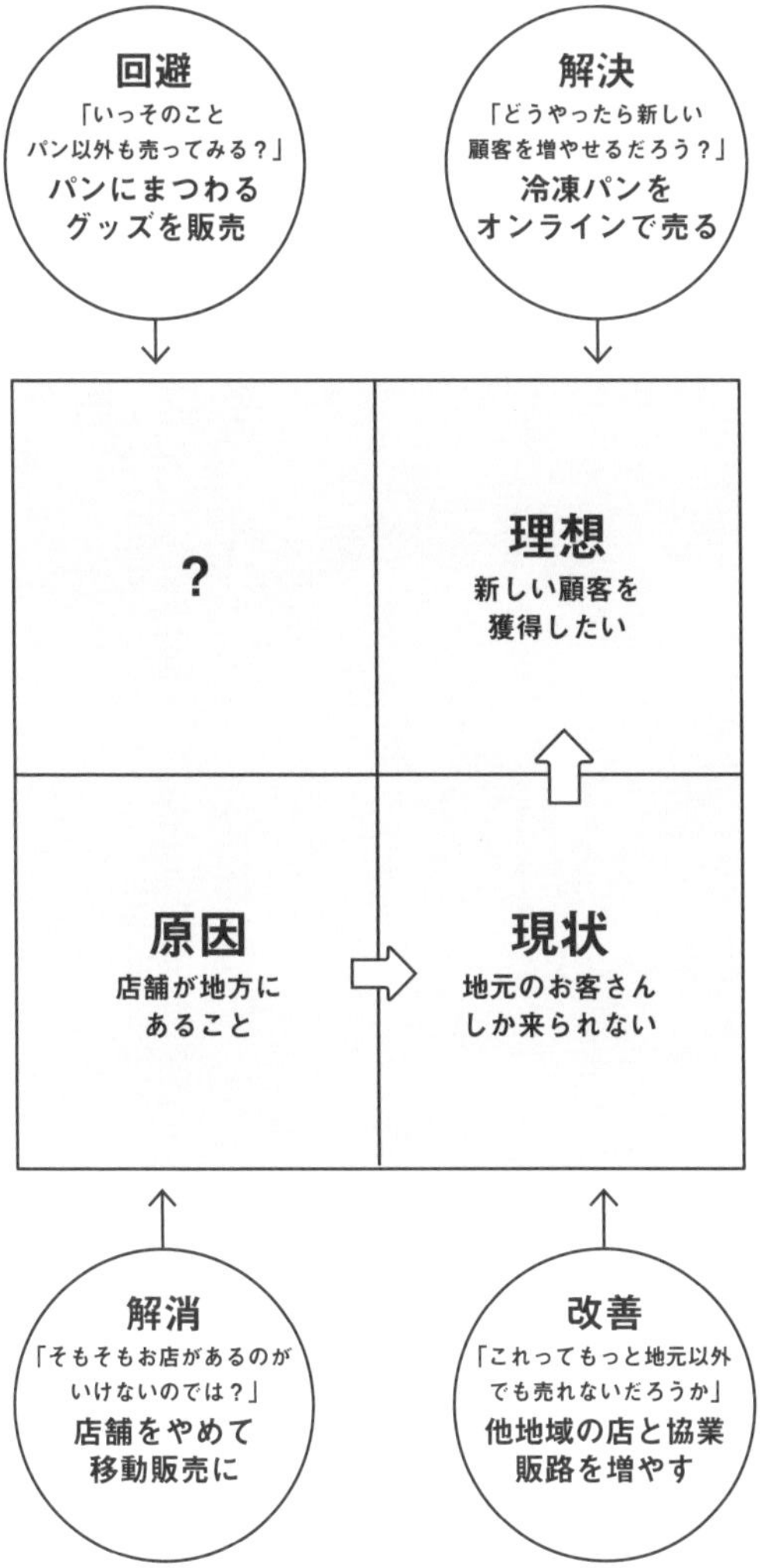
回避
「いっそのこと
パン以外も売ってみる？」
パンにまつわる
グッズを販売
解決
「どうやったら新しい
顧客を増やせるだろう？」
冷凍パンを
オンラインで売る
？
理想
新しい顧客を
獲得したい
原因
店舗が地方に
あること
現状
地元のお客さん
しか来られない
解消
「そもそもお店があるのが
いけないのでは？」
店舗をやめて
移動販売に
改善
「これってもっと地元以外
でも売れないだろうか」
他地域の店と協業
販路を増やす

4K思考マップ（パン屋）

のものを排除する大きな決断です。

④回避案

そして最後に回避案です。

「?」にアプローチするため、最初のとっかかりを見つけるのが難しいかもしれません。だからこそ「**いっそのこと**パン以外のものも売ってみませんか?」という妙案が生まれます。

先代から引き継いだお店の看板のデザインをTシャツにして、全国のアパレルショップで売ってもらうのはどうでしょう。お店の名物のパンを模したクッションなんかも可愛いかもしれません。回避は「?」にアプローチするために、このようにアイデアのジャンプが生まれやすくなります。

具体例2　とある中小企業の人事の悩み

別の例も考えてみましょう。

たとえば、ある中小企業の人事担当者から相談を受けました。

安定した職場ではあるものの、閉鎖的で新しい刺激が少ないといいます。社員のモチベーションをあげたいという相談です。


早速マップに書き込んでいきましょう。

現状の困りごとは、社員のモチベーションが低いこと。

その原因は閉鎖的で新しい刺激が少ないこと。

そして理想の状態は、社員のモチベーションがあがること。

①改善案

改善案から考えていきます。

「**これってもっと**努力したくなる仕組みをつくったらどうですか？」

営業努力に連動したボーナスを新設します。閉鎖的であるという原因そのものは残っていますが、モチベーションアップにはつながりそうです。

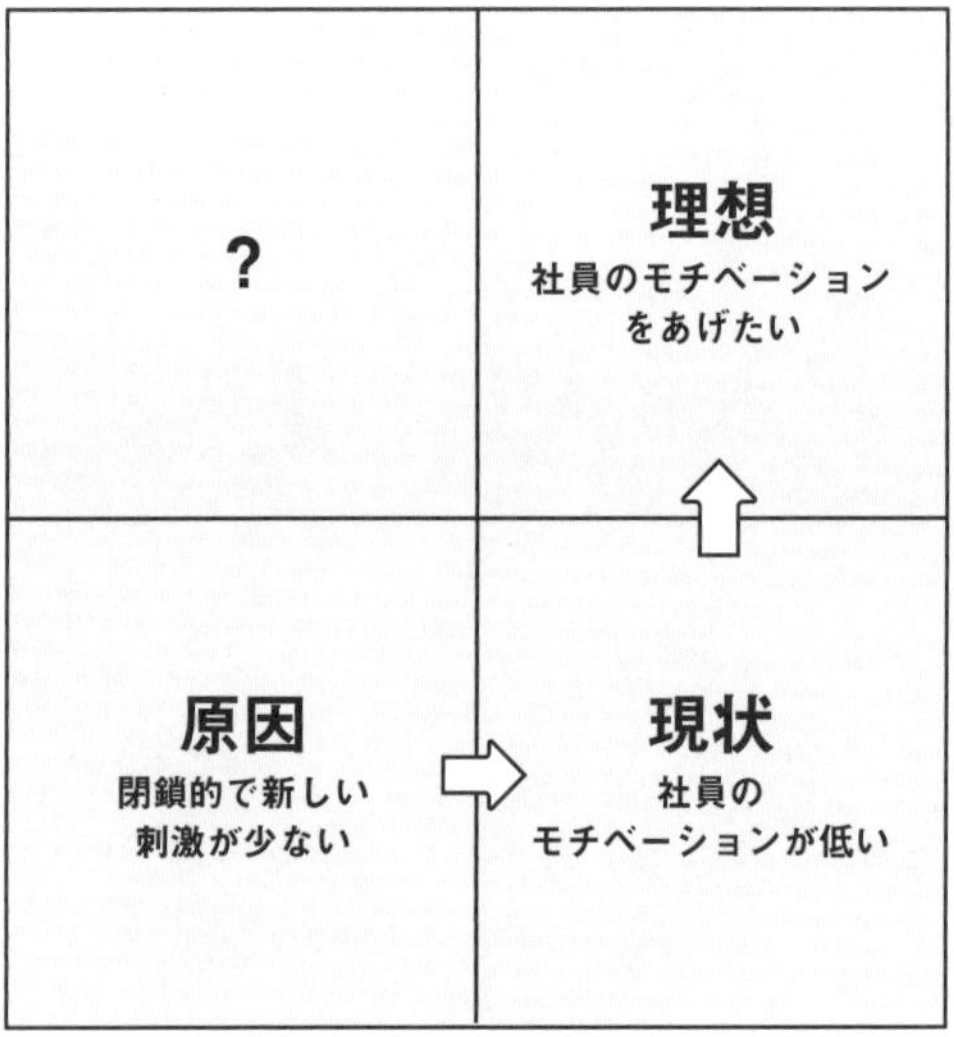
?
理想
社員のモチベーション
をあげたい
原因
閉鎖的で新しい
刺激が少ない
現状
社員の
モチベーションが低い

問題整理（中小企業）

②解決案

続いて解決案です。

「**どうやったら**モチベーションがあがるか？」

社員から自分のやってみたい新事業のアイデアを募集して新しい事業部を新設してはどうでしょうか。

全社員が変わるかは分かりませんが、自分達で考えた事業であればモチベーションもあがりそうです。

③解消案

次は解消案。

「**そもそも**閉鎖的なことが問題じゃないですか？」

ということで、他社交換留学制度をつくります。

希望する社員を他の会社に派遣し、代わりに他の会社の社員を受け入れます。人材が活性化することで、閉鎖的であるという原因は排除することができそうです。

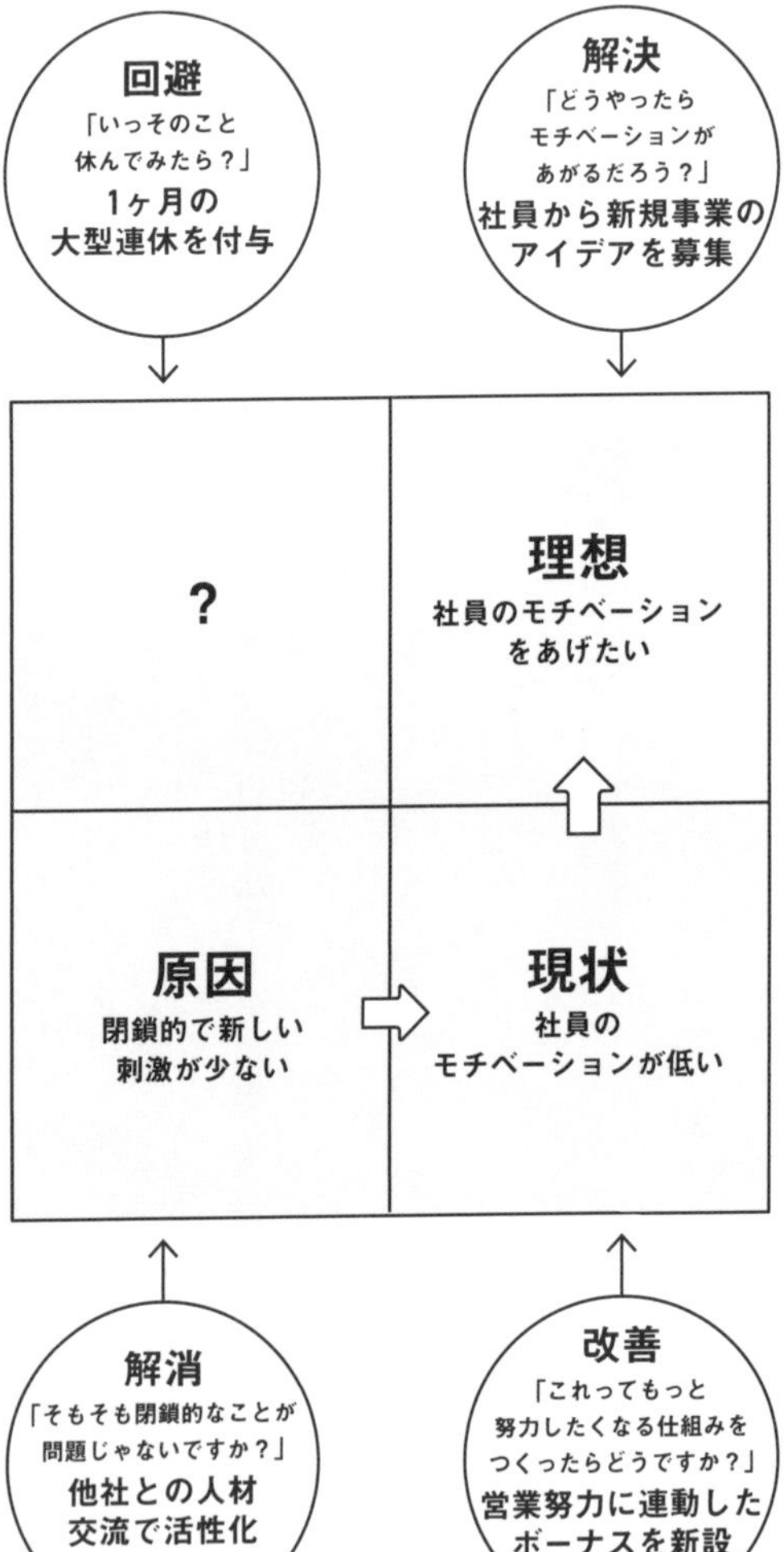
回避
「いっそのこと
休んでみたら？」
1ヶ月の
大型連休を付与
解決
「どうやったら
モチベーションが
あがるだろう？」
社員から新規事業の
アイデアを募集
?
理想
社員のモチベーション
をあげたい
原因
閉鎖的で新しい
刺激が少ない
現状
社員の
モチベーションが低い
解消
「そもそも閉鎖的なことが
問題じゃないですか？」
他社との人材
交流で活性化
改善
「これってもっと
努力したくなる仕組みを
つくったらどうですか？」
営業努力に連動した
ボーナスを新設

4K思考マップ（中小企業）

④回避案

最後に回避案です。

「**いっそのこと**休んでみたらいいんじゃないですか？」

ということで、１ヶ月の大型連休を全員に付与します。問題は何も変わってはいませんが、オンとオフの切り替えができて、今まで以上に仕事に精が出るかもしれません。

具体例３　とある共働き夫婦の悩み

この４Ｋは仕事以外の場面でも使えます。次の例についても考えてみましょう。

ある共働きの夫婦がこんなことで悩んでいました。二人にはまだ小さい子どもがいます。家事に育児に仕事にと目まぐるしい日々が続いています。なかなか部屋を綺麗にする時間を確保できず、子どものおもちゃなどが床に散乱し部屋が常に汚いことに困っているのです。我が家も共働きで子どもがいるので、よく分かります。早速マップに書き込んでいくと、現状の困りごとは部屋が汚いこと。その原因は夫婦共に仕事と子育てが忙しくて時間を確保できないこと。理想の状態は、床に物が落ちていない綺麗な状態です。

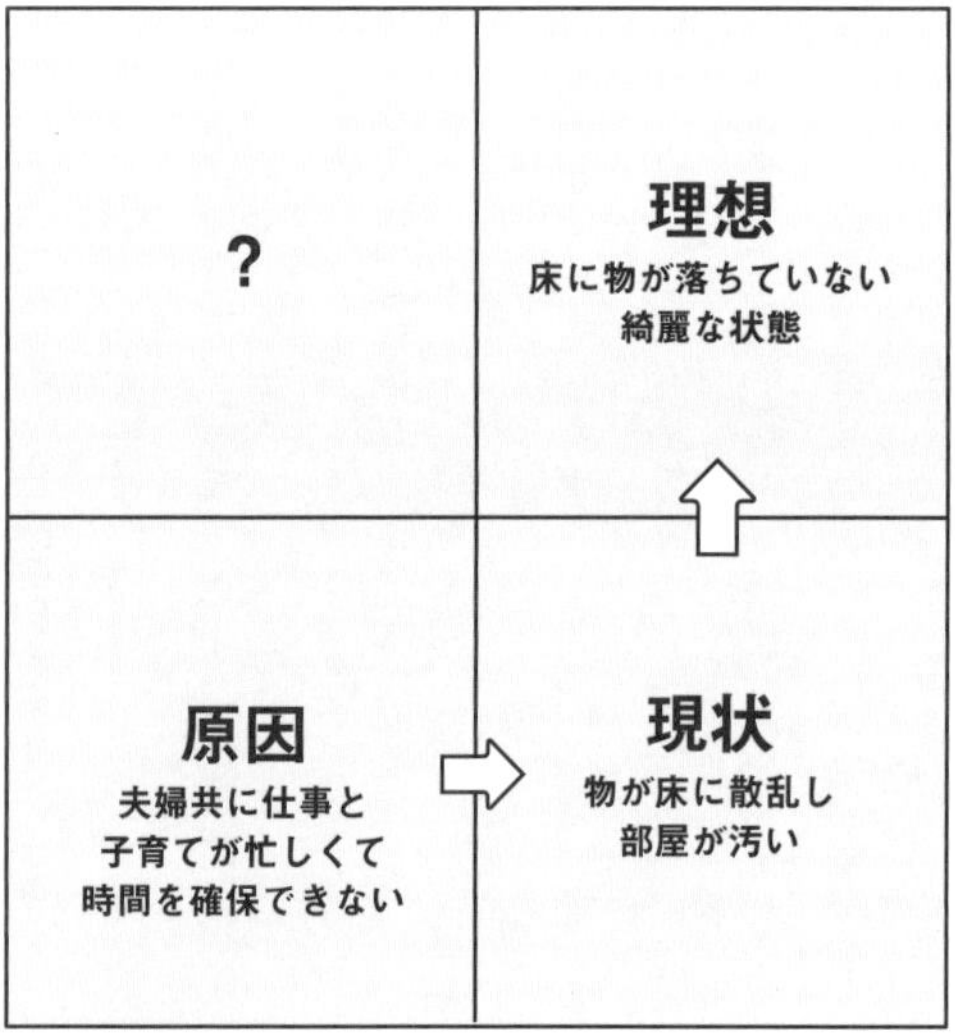
?
理想
床に物が落ちていない
綺麗な状態
原因
夫婦共に仕事と
子育てが忙しくて
時間を確保できない
現状
物が床に散乱し
部屋が汚い

問題整理（共働き夫婦）

①改善案

改善案を考えてみます。

「**これってもっと**分担できないかな？」

夫婦で相談して当番をつくってみます。決まりごとがあれば、忙しい中でもなんとか掃除ができるかもしれません。

②解決案

次に解決案。

「**どうやったら**部屋を綺麗に保てるんだろう？」

そこで家事をアウトソースすることにします。

家事代行業者の方に週に何度か来てもらって掃除をしてもらうことにしてみるのもひとつの方法です。お金はかかってしまいますが、二人は自分の時間を確保することができます。

③解消案

そして解消案。

「**そもそも**この仕事が忙しすぎるんじゃないか？」

思い切って仕事を変えてみることにします。忙い仕事という原因を排除して、時間の自由が利く仕事に転職すればワークライフバランスが変わって部屋を片付ける時間を確保できます。

④回避案

最後に回避案です。

「**いっそのこと**収納でもつくってみる？」

床に散乱したおもちゃをとりあえず放り込める収納を新設することにしました。二人の忙しさは変わりませんが、とりあえず床の上に散乱していた物は片付きそうです。

このように4つそれぞれのアプローチを理解したうえで工夫してみると、見事に4種類の違ったアイデアが生まれてきます。

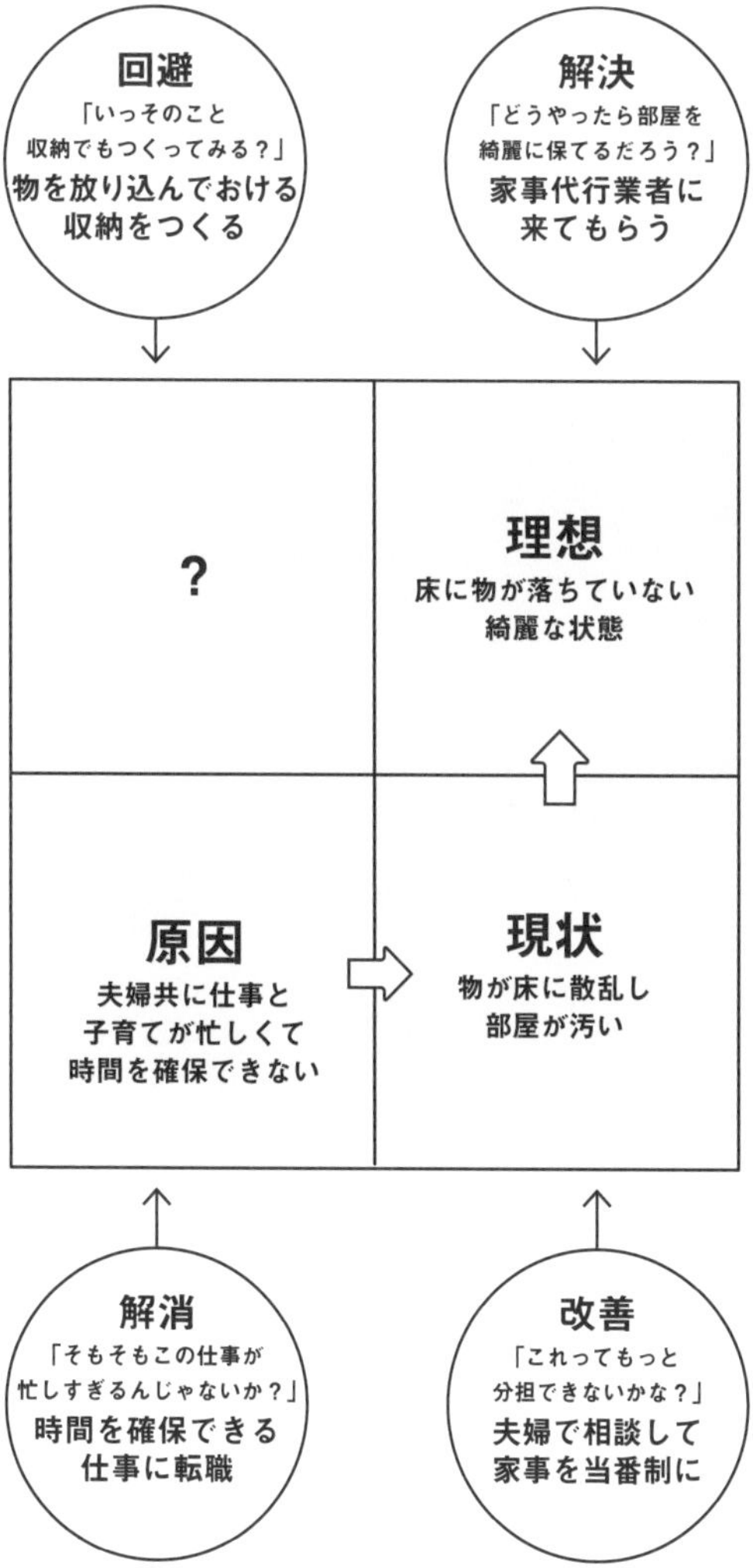
回避
「いっそのこと
収納でもつくってみる？」
物を放り込んでおける
収納をつくる
解決
「どうやったら部屋を
綺麗に保てるだろう？」
家事代行業者に
来てもらう
？
理想
床に物が落ちていない
綺麗な状態
原因
夫婦共に仕事と
子育てが忙しくて
時間を確保できない
現状
物が床に散乱し
部屋が汚い
解消
「そもそもこの仕事が
忙しすぎるんじゃないか？」
時間を確保できる
仕事に転職
改善
「これってもっと
分担できないかな？」
夫婦で相談して
家事を当番制に

4K思考マップ（共働き夫婦）

そして解決や解消だけがアイデアではないということも実感できたかと思います。**改善も回避も立派なアイデアなのです。**

ぜひあなたも、日々自分が出くわす困りごとを、この４Ｋのフレームを使って客観的に分析してみてください。

どんな困りごとや悩みごとにも、よくするための工夫が見えてくると思います。工夫が４種類もできるという希望の道筋が見えると、目の前の困りごとに絶望せず、おおらかに捉えられるのではないでしょうか。

POINT 8

「４Ｋ思考マップ」で問題を整理し４種類の工夫でアイデアを出す。

アイデアが出ないときに試す5つのスイッチ

アイデアは「頭で考えるもの」だと思われがちですが、発想を自分の頭だけに頼ると、脳内にある情報しか材料がないため必ず枯渇してしまいます。**「アイデアが思いつかない」という人は、頭だけで考えようとしている可能性があります。**

そんなときに試していただきたい「アイデアの5つのスイッチ」があるので紹介します。手で発想する、目で発想する、耳で発想する、口で発想する、そして体で発想するというスイッチです。

書き出す
観察する
聞く
話す
体験する

アイデアのスイッチ1：手で発想する
アイデアのスイッチ2：目で発想する
アイデアのスイッチ3：耳で発想する
アイデアのスイッチ4：口で発想する
アイデアのスイッチ5：体で発想する

アイデアのスイッチを切り替えることで、新しいアイデアが生まれます。

スイッチ1 手で発想する

1章でも紹介しましたが、わたしはまずリサーチをはじめる前に、考えを書き出すところからはじめます。

対象の商品やブランドについて、消費者として率直に感じていることをA5のリングノートにどんどん書き進めていきます。

商品に対する**イメージや感想を脈絡なくポツポツと書いていく**ので、書き進めるというよりも「書き落としていく」というイメージの方が近いかもしれません。

単に考えるだけでなく、紙に手で書き出す理由は、自分の考えが客観的に把握できるようになるからです。

頭の中で考えているだけの状態では、思考の焦点を同時に当てられる対象には限りがあります。しかし、**紙に書き出すことで可視化されると、複数の思考を並行して走らせることができます。**

また、アイデアに詰まったときにノートをペラペラと巻き戻せば、過去の自分の思考の足跡がたどれます。

それは過去の自分と行うブレインストーミング（アイデアを出し合うこと）のようなものです。

書き出す紙は色々なものを試してきました。コピー用紙に書き出し、それを大きなダブルクリップでまとめてもち歩いていた時期もありました。抜き差しが容易なのと、プロジェクトごとに提案した企画書なども一緒に管理できるのはメリットですが、常に紙の束を複数もち歩くためカバンがいつも重たくなります。重いカバンを背負っていては軽やかなアイデアも沈んでしまいそうです。

Ａ４のリングノートを使っていたこともあります。この数年、Ａ５サイズのリングノートに落ち着いた理由は、自宅や喫茶店などの小さな机でパソコンと同時にノートを開いたときに邪魔にならないこと、そして開けば使い慣れたＡ４サイズとして使えるからです。

パソコンで作業をするときには、PowerPointやKeynoteなどスライドをつくるソフトを最初に開いてはいけません。

開くべきはWordやテキストエディターです。ノートに書き落としたアイデアを整理する作業は、わたしは必ずワードベースのソフトで行います。

スライドをつくるソフトでつくりはじめてしまうと、どうしてもレイアウトやデザインなど余計なことが気になってしまいます。

またスライドのフォーマットではページが分かれてしまうため、前後の流れや思考のプロセスを把握しにくいというデメリットがあります。

ずらっと一目《いちもく》できるワードで整理することで、つながりや矛盾を確認できます。アイデアの電球の輪郭を、より丁寧に描くことができるのです。

頭の中で考えるのではなく、まず手を動かすことからはじめてください。

スイッチ２ 目で発想する

新しい商品やブランドを担当するときには、わたしは必ず売り場を見にいくことも紹介しました。

そこでは、どのような人が商品を手にとっているのか、店頭ＰＯＰなどの販促物はどのようなものが置かれているのか、どのような接客が行われているのかを観察します。

その後に、商品について詳しく調べていきます。どのような歴史があるものなのか、どのような機能があるのか、何が競合にあたるのかなど徹底的に見ていきます。新しい情報をインプットすることで、自分の頭の中だけで発想していたときとは出発点が変わって、たどり着くアイデアも変わります。

アイデアを考えることに行き詰まったら、外に出てください。

外に出てたくさん観察してください。

わたしはアイデアを書き出すタイミングでは、人がたくさんいる場所でなるべく時間を過ごします。そして周囲の人たちを観察しながら、彼らがどのような生活を送っているのか、何を見て、何を買うのか、そして目の前のアイデアを彼らが見たときにどのようなリアクションをするのか想像します。

頭の中で想像するよりも、目の前にその人がいた方が想像しやすくなります。

彼らの生活を妄想する作業は、他人を自分に憑依させるような感覚です。

「自分だったらどうするか」に糸口が見つからなければ、「あの人だったらどうするか」を考えてみましょう。

スイッチ3 耳で発想する

考える対象がすでに市場に出ている商品であれば、使っている人を探してインタビューをしてみます。

すぐに誰か思いつかなければSNSで知人に呼びかけてみてもいいでしょう。

何をキッカケにその商品を買ったのか、使ってみて気に入っているところはどこか、逆にどんな不満を抱えているのかを聞いていきます。そうすることで、商品に対する理解の解像度がぐんと上がるはずです。

購入のキッカケになったことは、その商品の魅力に直結します。

また、**いま気に入っているポイントが購入理由と違う場合は、そのポイントが実は本当の商品の魅力の可能性もあります。**

そして**不満に感じているポイントは、工夫の出発点**です。

人に聞くだけで、3つの新しいアイデアの出発点を手に入れることができます。

アイデア出しの途中で、わたしはそのアイデアを人にどう思うか聞きます。自分と違う視点で物事を考えている人の脳を借りるのです。

その商品のことや、問題整理について知らない人をあえて選んで聞くことで、また違う出発点を手に入れることができます。

耳から入る情報で自分の気分を変えるのも有効な方法です。

わたしは多いとき、1日に3回場所を変えてアイデア出しをします。

周りの環境音や人が変わるので、場所を変えるごとにフレッシュな気分でアイデア出しと向き合うことができます。

『スラムダンク』や『バガボンド』の作者の井上雄彦氏がＮＨＫの「プロフェッショナル 仕事の流儀」で制作風景を取材されたとき、喫茶店を１日に何軒もハシゴしていました。それぞれの喫茶店に、役柄やキャラクターを考える場所、ストーリーを考える場所など、役割と行く順番を決めているという話も印象的でした。

場所を変えるのが難しければ、聴く音楽を変えるのも効果的です。

耳から入る情報、特に音楽には気分が大きく左右されます。明るい音楽と暗い音楽。うるさい曲と静かな曲。それぞれを使い分けて聴くようにしています。

ひとつ注意点は歌詞の言語です。アイデアを言葉で整理しようとするときに、聴こえてくる歌詞が理解できてしまうと思考の邪魔になります。

日本語でアイデアをまとめようとしているときは、言語の重ならない洋楽や歌詞のない曲を選ぶことをオススメします。

スイッチ4 口で発想する

意外と試したことのない人が多いのが、口で発想するという方法です。独り言でもいいので、誰かに説明するつもりで考えたことを話してみる。

そうすることで、テキストだけでは気づけなかった問題が明らかになります。

たとえば、テキストでは横並びでも違和感がなかった2つの話が、口に出してみると関係性が並列ではなかったり、因果関係が腑に落ちなかったりするものです。

口にしてみることで、説明がスムーズにいかない通電不良の箇所を見つけることができます。話を聞いてくれる人がいれば情報漏洩にならない範囲で口頭で説明してください。

一人の場合でも、スマホの録音機能で声に出した自分の説明を自ら聞いてみてください。

とくに、手で発想しようとしても、何から書いていいか分からなくなったときは口で発想するのがオススメです。口で話すとなんとか話をつなごうと、何かしら口から言葉が出てきます。喋ってみることが突破口になるのです。

人に説明しようとすることで、言葉が浮かぶこともあります。たとえば長いコピーやメッセージを書くときは、わたしは一人でしゃべったものを録音して聞きなおしています。聞きなおしたときに分かりやすいのかという視点で、客観的に自分のアイデアと向き合うことができるのです。

スイッチ5 体で発想する

アイデアは知識よりも、経験から生まれます。

総務省が発表しているデータによると、2020年のインターネット全体の情報量は2002年に比べて6000倍以上という数値が出ています。情報がアイデアの源だとしたら、極端な話6000倍のアイデアが出ないとおかしいわけです。さらに、わたしたちの接触する1日の情報量は、江戸時代の人々の1年分、平安時代の人々の一生分だとも言われています。

しかし、頭に入ってくる情報よりも、自分の体を使った経験の方が大切です。

商品であれば、お店に出向いて買ってみます。

サービスであれば、使ってみます。

わたしは、タバコの会社をクライアントとして担当したときには、生まれて初めてタバコを買って1ヶ月吸ってみることからはじめました。バイクの会社をクライアントとして担当することになって一番初めにしたことは、教習所に通ってバイクの免許を取得することでした。

これらは少し極端な例かもしれませんが、「知っていること」と「やったことがあること」の間には間違いなく大きな差があります。


情報が溢れるこの時代には、知っていることを増やすよりも、やったことがあることを増やす方がアイデアは間違いなく出やすくなるのです。

やったことのないことを楽しみながら体験するメンタリティが、アイデアを生み出します。


また、わたしは会議もなるべく立って参加しています。

人は座ると、気持ちも座ってしまうのです。

会議室の中を動き回ったり、ホワイトボードを大きく使って、できるだけ自分自身をアクティブな状態にしています。

逆に会議で椅子に座っていると、「いいことを言わなければ」という気持ちになり、間違ったことが言いにくいムードが生まれます。

〝ちゃんと〟会議しないといけないという空気がわたしたちに重くのしかかり、アイデアを発言しにくい環境をつくってしまうのです。

しかし、会議に立って参加し、アクティブな立ち居振る舞いをすることで、自分だけでなく周りのアイデアも引き出しやすくなります。

以上がアイデアを発想する5つのスイッチです。

新しいアイデアを考えるのは、わたしたちの脳にとって大きな負担です。

脳は「もうアイデアが出ない」と弱音を吐いてすぐにサボろうとします。

わたしはそんなとき、この5つのスイッチを意識的に使い分けています。

サボリ癖のある脳（自分）にスイッチを押して電気刺激を送ってやることで、アイデア探しを諦めずに続けさせることができるのです。

アイデアが出ないと感じたときに、ぜひ試してみてください。

POINT

手、目、耳、口、体を使ってアイデアを出す。

ユニークなアイデアをつくる2つの鍵

ここまで読んでいただいたことで、アイデアの正体とその生み出し方についてはイメージができたかと思います。

「4K思考マップ」そして「アイデアのスイッチ」を試せば、アイデアは複数出てきます。

しかし「せっかくならユニークなアイデアを出したい」と誰しも思うはずです。

実際「アイデアはいいんだけど、既視感があるんだよね」というフィードバックを受けることはわたしにもあります。

ユニークで既視感のないアイデアとは「あなたらしい」アイデアのことです。

冒頭で、アイデアは電球のカタチだとお伝えしました。ではユニークな電球のカタチを考えるにはどうしたらいいのでしょう。


ユニークなアイデアにたどり着く可能性を高める鍵が2つあります。

それは自分の好きを大切にすること、そして何事も試してみることです。


好きなものは、深く掘っていけます。

誰にも頼まれてもいないのに、勝手に進んでいけます。

その結果、周りの人が知らない場所にたどり着ける可能性が高いのです。

既視感は、みんなが知っているから生まれます。みんなが知らないところまで掘り下げることができれば、あなただけのアイデアが生まれる可能性は高くなります。


自分の好きが分からないという人は、逆に嫌いなものを意識してみてください。

嫌いの裏には好きがあります。好きと嫌いは表裏一体です。

たとえばわたしの場合は、恐怖訴求の広告はつくりたくないという気持ちがあります。

それは誰かを傷つける可能性があるからです。

「言葉」は誰かを傷つけもするし、支えにもなる。同じ言葉を使うなら、誰かを励ましたり支えになる言葉を使いたい。そんな想いが、自分のユニークさにつながっていると思います。

好きや嫌いを意識すると、自分の中にベクトルが生まれます。

それが自分らしいアイデアに向かっていくのです。

企画の仕事では360度あらゆるアイデアの可能性がある中で、好き嫌いによって、自分の角度を狭めることができます。その狭い角度のなかに、自分らしいアイデアが隠れているのです。

次にユニークなアイデアにたどり着く鍵は、試してみることです。

工夫の3つのプロセスの最後に位置していた「試す」。今はSNSをはじめ発表の場が増えたことで、いつでも誰でも「試せる時代」になりました。

誰にも頼まれていない自分の考えたことを試してみることで、自分なりの工夫とそれに対するフィードバックを得ることができます。

その繰り返しがユニークなアイデアにつながっていきます。

これは結果論ですが、わたしのキャリアを変えるきっかけになったのは、クリエイティブに配属されなかった新人時代からずっと、年にひとつはつくっていた個人作品でした。
周りにないあなたらしさをつくるのは、あなたの行動です。

POINT

8

アイデアのユニークさを磨く鍵

1 **自分の好きを大切にする。**

2 **何事も試してみる。**

3章

アイデアを「企画」にする

―発想の回路―

他人が「おもしろい」と感じて、アイデアは企画になる

「どうして自分の企画は通らないんだろう」

仕事で企画を求められて必死に考えたものの、なかなか採用されない。

自分はおもしろいと思っているのに、周りは全然共感してくれない。

こんなモヤモヤを抱えている人は多いのではないでしょうか？

同僚や後輩は次々と企画を実現しているのに、自分の案が採用されない。苦しいし、焦りますよね。

自分には才能がないのではないか。この仕事に自分は向いていないのではないだろうか。

自分を信じてあげられなくなってしまいます。

入社7年目までのわたしがまさにこの状態でした。モチベーションはあるのに成果が出ないと、どう頑張っていいか分からなくなってしまいます。

自分のアイデアが通用しない。

わたしが広告の仕事をはじめて直面した一番大きな壁でした。案はたくさんつくるものの、自分の企画はクライアントはもちろん、社内でさえも選ばれない。

つまりわたしは「合意」がとれませんでした。

今思うとその理由は明確です。このときわたしは、アイデアと企画の違いなんて、これっぽっちも分かっていなかったのです。

つまり、自分の「おもしろい」は満たしていても、みんなの「おもしろい」が一体何なのか分かっていなかったのです。

周りの人たちがいいと思うポイントを理解していないことが、わたしの企画が通らない一番の要因でした。

他人が何をおもしろいと感じるか分からない。

そこでわたしがやったことは、他人が何をおもしろいと感じているかを徹底的に分析することでした。

広告の受賞作品をエクセルでリスト化して、それを企画のパターンごとにラベル付けしていったのです。そこからわたしの企画は少しずつ通るようになりました。知らず知らずのうちに、みんなの「おもしろい」の回路が自分にインストールされていったのです。


アイデアは自分の頭で考えて、企画は他人の頭でチェックする必要があります。

アイデアは自分勝手でいいけれど、企画には思いやりが必要なのです。

つまり、他人の思考回路が抜け落ちていると、自分のアイデアの電球は相手には光って見えません。アイデアの電球のカタチがどれだけユニークで美しかったとしても、アイデアの段階ではまだその電球は光らないのです。

せっかくつくった電球に世の中を照らす光を灯すためには、回路が必要でした。

この作業を通してわたしは、アイデアの電球が光っている企画には一定の法則があると考えるようになりました。

…
どれだけ美しくてもアイデアの
段階では電球は光らない
パッ
いい企画をつくる作業の
99%はこの回路作り

電球が点灯していない企画には、通電していない原因が何かしらあるのです。
いい企画をつくる作業の99%はこの回路をつくる作業です。
いい回路さえあれば、スイッチを入れるだけでアイデアの電球は光り輝きます。

POINT

アイデアは自分の頭で考えて、
企画は他人の頭でチェックする。

「発想の回路」が生まれたきっかけ

ここで、わたしが「発想の回路」をつくることになったきっかけについて、少しお話しさせてください。

わたしはクリエイティブの部署にいきたくて電通に入社したものの、配属されたのは他の部署でした。入社して7年経って、気づくとわたしは営業の部署にいました。

それでも、クリエイティブの部署への道を諦められていませんでした。

起死回生の方法は「ヤングカンヌ」でした。

ヤングカンヌとは世界最大の広告の祭典、カンヌライオンズ国際クリエイティビティ・フェスティバル（通称カンヌ広告祭）の中で行われる30歳以下が対象のアイデアコンペです。

国内で予選が行われ、勝ち抜いて1位になるとフランスのカンヌで行われる本戦に日本代表として出場できます。現場で出されたお題に沿って24時間で企画をつくるアイデアの天下一武闘会のようなイベントです。ここで国内予選を勝ち抜いて日本代表になれれば、クリエイターとして認めてもらえると思ったのです。

わたしは毎年複数の部門にまたがって応募を続けてみたものの、すでに14回も負け続けていました。

そして一番の問題は、国内予選で案を提出するたびに「今年は勝ったかもしれない」と毎回自信があったことです。つまり、負けた理由が分かっていませんでした。

まさにわたしは審査員の「おもしろい」が理解できていなかったのです。

年齢制限の30歳は着々と近づいています。そんな15回目のチャレンジとなった年、ようやくわたしは「このままでは勝てない」ということに気づきました（気づくのが遅いですよね笑）。

自分のアイデアをおもしろいと思ってもらえないなら、みんながおもしろいと感じるものを学んで、まずその基準を知ろうと考えました。

そしてはじめたのが、カンヌ広告祭の過去受賞作品をひたすらエクセルにまとめていく作業でした。そして**それぞれの企画を分析し、抽象化してパターン化することで、自分が企画をするときに使えるツールをつくりはじめた**のです。

そのツール＝回路をつくって企画を出した年、わたしは150組以上のエントリーから国内予選で1位になり、ついに日本代表の座をつかみました。

さらに翌年も国内予選を勝ち抜いて、アジアのヤングスパイクスという広告コンペの本戦に日本代表として参加し、国際大会でも優勝することができました。

それまで一次審査にすら一度も通ったことがなかったのにです。

日本代表になった翌年、わたしは念願のクリエイティブ局に異動することができました。8年目にしてようやく「コピーライター」の名刺を手にしたのです。

しかし、ここでまた大きな壁に直面します。当たり前ですが部署が変わったからといって、いきなりコピーが書けるようになるわけではありません。そこでわたしは再び回路をつくろうと考えました。

日本最大のコピーライター協会である東京コピーライターズクラブ（以下ＴＣＣ）が毎

キャッチコピー	想定プレゼン	CM展開 / ボディーコピー	CM企画パターン
カードの切り方が人生だ。	カードを持つということは、思い切った決断ができるということ。カードを持つことで、人生の選択肢を広げることができます。	どーすんの？どーすんの？どーすんの？俺っ！どーすんのよっ！？	あるあるネタ
LIVE/中国/ANA　旅行者のあなたも、参加者です。	日本と中国をつなぐ架け橋にANAがなります。リアルな今の中国を伝えることで、興味関心を喚起します。	中国に行かないとわからない豆知識。パンダはメエーって鳴きますとか。	面白ファクト
そうだったらいいのにな。	FANTAを高校生の相棒にします。たくさんの悩みを抱える高校生は、現実逃避したい。いやなことを忘れたい。でも実際世の中はそうじゃないから、そんな彼らに寄り添うブランドに。	学校にヤギの大群が授業もテストもなくなった。そうだったらいいのにな。そうじゃないからファンタ！NEW！	ありえないIF
牛乳に相談だ。	牛乳をもっと身近に。ただ美味しいだけでない、機能や効用があることを伝えます。とはいえ言える範囲が限られるので「相談」という言葉に背負わせます。	駅の階段でおじいちゃんに抜かれました。胴上げして、全員骨折。羊が１００００匹、１０００１匹～	おもしろ機能訴求
大人は、とっても長いから。	色んな体験をしてきた大人世代。長い人生のなかで色々なところに旅をしてきた彼らの共感を獲得します。昔行った旅先に行くと、想い出を振り返ることができます。「行ったことがある場所＝もう行かなくていい場所」の価値を変えます。	一人で贅沢に来ています。でも、本当は、もう一度一緒に来たかったな、お父さん。	ターゲットインサイト
工場で、働こう。	今回は、工場に特化した派遣。工場で働くことにはメリットがある。それを感じられるように描きます。たとえば、決まった時間で働けるとか、新人も働きやすいとか。そういう理由をめがけてくる人たちが共感できるものにします。	また働きに行くんだって。続けばいいけどな。似合ってるなそれ。1人で育ててるんだ。大変だね。でも、今までがんばったことなかったし、頑張ります。	ターゲットインサイト
一瞬も一生も美しく	美しさを語るとき、人はその瞬間の話をします。美は儚い。でも資生堂はあらゆる年齢の人に美を提供している。それは一瞬の美だけでなく、一生の美も一緒に考えるということです。その姿勢を示します。	ひとりひとりのクライマックス、はじまる。一瞬が積み重なって、一生をつくる。だとしたら、それは美しい一瞬であってほしいと思います。喜怒哀楽をたいせつに、こころとからだの声を信じて、結果的に楽しく生きること。そういう瞬間を集めて、人生は美しさを増し、続いていくのかもしれません。この日、資生堂は、今を生きるすべての大人の女性に、こんな一瞬を贈ります。新メーキャップブランドマキアージュ誕生。	真理を語る

著者が当時作成したエクセル

年発表しているTCC賞を受賞したコピーを、またエクセルにまとめていったのです。

しかし、リストにするだけでは、ただの羅列になってしまいます。

そこでわたしは、そのコピーをコピーライターがどのようにクライアントにプレゼンしたのかを勝手に想像して、プレゼンのストーリーを書き足していったのです。

それは、いいコピーを書いた人の思考回路を勝手に想像してなぞっていく作業でした。

そしてその思考回路を元に、実際にコピーを書いていったのです。

その年わたしは、コピーライターの登竜門と呼ばれるTCC新人賞を受賞しました。

クリエイティブ局に異動して直後の受賞は異例のことでした。

7年も異動できなかったわたしが、いきなりクリエイティブで成果を出すことができたのは「発想の回路」のおかげでした。

POINT

評価された企画を分析し「おもしろい」の基準を知る。

「発想の回路」がある人とない人の違い

では、ここから発想の回路とその使い方について説明していきます。

まずは「おもしろい」を因数分解することで、みんなが認める企画の要因を探してみたいと思います。

理解しておかなければならないのは、**「おもしろい」の一番の敵は予定調和**だということです。

作詞家でプロデューサーの秋元康さんも、著書『企画脳』（ＰＨＰ文庫）の中で「当たり前のことや、誰もが考えるような発想からは、何も新しいものは生まれない。予定調和をどう突きくずしていくか。それが、勝てる企画の発想法なのである」と言っています。

つまり、人は想定していないことに、おもしろさを感じるのです。

あなたがこれまで見てきた映画やドラマを思い出してみてください。予想通りに展開するものは凡庸に感じ、自分の予想が裏切られたときに驚きや興奮を感じたと思います。わたしたちは心のどこかで裏切りを期待しているというのはおもしろい事実です。

予定調和ではないとは、つまり「入口と出口にギャップがある」ということです。

入口か出口のどちらかが見えていれば、そこにギャップが生まれるように、もう片方を設計してあげればいいのです。これがおもしろいをつくりだすコツ、発想の回路の根幹です。

これは世の中に流通する言葉やコンテンツでも同じことが言えます。

たとえば、ガツガツしていない男性を「草食男子」と言ってみたり、キツい性格に見えて実は甘えん坊な人を「ツンデレ」と言ってみたり。『君の膵臓をたべたい』『下町ロケット』『嫌われる勇気』『ホームレス中学生』『もし高校野球の女子マネージャーがドラッカーの『マネジメント』を読んだら』などなど。

ヒットしたコンテンツはタイトルだけでも言葉の組み合わせにギャップがあり、おもしろそうに見えます。

そして、ヒットを出し続けている人たちは、このような法則を完全に理解しています。アイデアマンと呼ばれる人たちは、「発想の回路」のパターンを沢山もっている人たちです。

彼らは即座にアイデアや企画が閃いているように見えますが、その場でゼロからつくっているわけではありません。

頭の中に複数の回路をあらかじめ用意してあるので、それを瞬時にガチャガチャと組み替えてアイデアや企画を出しているだけなのです。

その姿を見ると「なんでこれほどおもしろい企画をすぐに思いつけるんだ」と驚き、「自分とは違う」と自信をなくしてしまうかもしれませんが、その必要はありません。

この差は「発想の回路」をもっているかどうかなのです。

わたし自身この仕事をはじめた当初は、アイデアはセンスで閃くものだと思っていました。

ただ、どれだけ粘っても閃きはやってこなかったのです。

若手の頃は誰よりも事例収集を行い、業界内で一番広告事例に詳しいと自信をもって言えるくらい知識はありました。

それでも自分の企画は通らない。

なぜかと考えると、知識はあっても自分の中に回路がなかったからだと今は思います。

アイデアの電球自体には意味がありません。

光って誰かの役に立つようにするためには、発想の回路が必要だったのです。


まだ回路がなくても大丈夫。

わたしがつくった「おもしろいをつくる10の回路」をこれから紹介します。

それだけではなく、あなただけのオリジナルの回路も本書を読むことでつくりだすことができるようになります。

POINT

「おもしろい」の一番の敵は予定調和。

入口と出口のギャップが「おもしろい」をつくる。

今すぐ「おもしろい」をつくれる10の回路

ではここから「おもしろい」をつくる回路を10個ご紹介したいと思います。

これは、どの業界でも使える汎用的な「おもしろい」が生まれやすい回路と捉えてください。10個の回路は以下の通りです。

回路1：常識を探す「〇〇ってやっぱり〜だよね」

回路2：疑問を探す「そもそも〇〇って〜なんだろう」

回路3：極端を探す「〇〇の〜をもっと〜してみると」

回路4：相反を探す「〇〇の逆ってなんだろうね」

回路5：矛盾を探す「◯◯って〜だけど〜だよね」
回路6：不可能を探す「◯◯って絶対〜できないよね」
回路7：相手を探す「◯◯って普通〜のものだよね」
回路8：好きを探す「わたし本当は〜が好きなんだけど」
回路9：偏見を探す「◯◯って結構〜と思われがちだよね」
回路10：制限を探す「◯◯って〜に限りがあるよね」

たとえばあなたがお菓子メーカーに勤めていて、アイスの新商品の開発を担当することになったとします。新商品開発を任されるのは初めてのあなた。社内の合意をとれる企画を立案すべく、早速10個の発想の回路を試してみましょう。

回路1 常識を探す「◯◯ってやっぱり〜だよね」

手始めに、常識を探すところからはじめてみます。
「◯◯ってやっぱり〜だよね」というみんなのイメージから考えましょう。

たとえば、アイスってやっぱり甘いよね、冷たいよね、カラフルだよね、安いよね、もらうと嬉しいよね、などイメージの幅が出てきます。

そしてそれらを入口として、ギャップがつくれる出口を探すのです。

甘いアイスという常識にギャップを生むのは、唐辛子入りアイスでしょうか。「辛いアイス」は意外に美味しそうです。

冷たいアイスには、ホットで提供する「温かいアイス」。

カラフルなイメージがあるアイスには、パッケージを白黒にした「モノクロアイス」。シックに見えるかもしれません。

アイスは安く買えるので、逆に高級食材や特殊な製法でつくった「100万円のアイス」なんてどうでしょう。

もらうと嬉しいアイスではなく、「もらうとがっかりするアイス」と聞くとどんなアイスが出てくるのかむしろ興味が湧いてきませんか？

このように回路は、企画をつくるときの入口として使えます。

ぜひ「○○ってやっぱり〜だよね」に当てはまる言葉を考えてみてください。

ハバネロ入り
デスアイス

のむホットアイス

モノクロアイス

金粉たっぷり！
100万円アイス

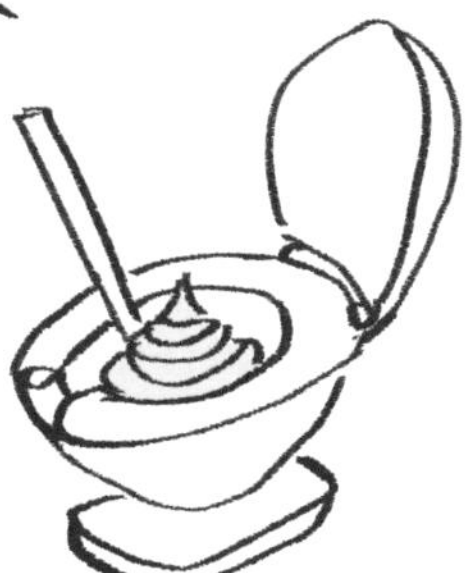

もらってガッカリ
うんちチョコアイス

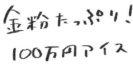

回路２　疑問を探す「そもそも◯◯って〜なんだろう」

２つめは疑問を探すことです。

「そもそも◯◯って〜なんだろう」という疑問からはじめてみましょう。

たとえば、「そもそもアイスっていつからあるんだろう」。この問いを出発点として調べてみます。

すると、日本人とアイスクリームの出合いは江戸末期。遣米使節団が船内で初めて晩餐で出されたアイスクリームに目を丸くしたと分かります。従者の『柳川日記』には「珍しき物あり。氷をいろいろに染め、ものの形を作り、是を出す。味は至って甘く、口の中に

入るるにたちまち溶けて、まことに美味なり。之をアイスクリンといふ」とありました。疑問からここまで調べていくと、少しこの「アイスクリン」を食べてみたくなりませんか？

そうすると、当時のアイスを再現してこのストーリーと一緒に楽しむ「日本人が初めて食べたアイス〝あいすくりん〟」という企画が生まれます。

質問や疑問はいつでも、脳を走らせるきっかけになります。

回路３　極端を探す「○○の～をもっと～してみると」

3つめは極端を探してみます。

「○○の～をもっと～してみると」と、いま

ある特徴を極端にしてきます。

たとえばアイスの冷たいという特徴を、もっと極端にしていくとどうなるでしょうか？

そうすると「絶対に舌がついて離れない　ヒマラヤアイス」という企画が生まれます。

商品やサービスの分かりやすい特徴をより尖らせていくイメージです。特徴が自明で分かりやすいものほどこの回路は使いやすいです。

一方で特徴が分かりやすすぎると、それを尖らせても「そんなの知ってるよ」と言われてしまうので、中途半端ではなく極端までいかないとギャップが生まれず企画としては成立しにくくなります。

回路４　相反を探す「〇〇の逆ってなんだろうね」

４つめは、相反を探すことです。

「〇〇の逆ってなんだろうね」ということで、たとえば冷たいアイスの逆にあるものとの組み合わせを考えてみます。

すると「あったかいおでんにトッピングしてもおいしい、おでんアイス」という企画が生まれます。

少しお出汁を入れてみたら意外と美味しいかもしれません。

「逆を探してくっつける」というのは、ギャップを生み出すうえでは定石です。

「意外とありかも」と言わせる距離感にある、「逆のもの」を探すのがいいギャップを生むコツです。

その距離感をつかむには、他の事例を見てみるといいと思います。

たとえば塩キャラメルの甘みと塩味の距離感、フレンチなどで見かけるアイスに温かいソースをかけるデザートの温冷の距離感などです。

回路5 矛盾を探す「〇〇って〜だけど〜だよね」

5つめは、矛盾を探すことです。

「〇〇って〜だけど〜だよね」と、その対象に潜む両面性やメリットデメリット、ビフォーアフターに注目すると矛盾は見つけやすいです。

たとえば、アイスは冷たいときはさっぱりしているけど、温まって溶けるとすごい甘いという矛盾があります。

その矛盾を活かしてみると「凍ったまま／溶かして2つの味が楽しめる　時間差味変アイス」という企画が生まれます。

矛盾とはそもそも2つの逆の要素が、同じ

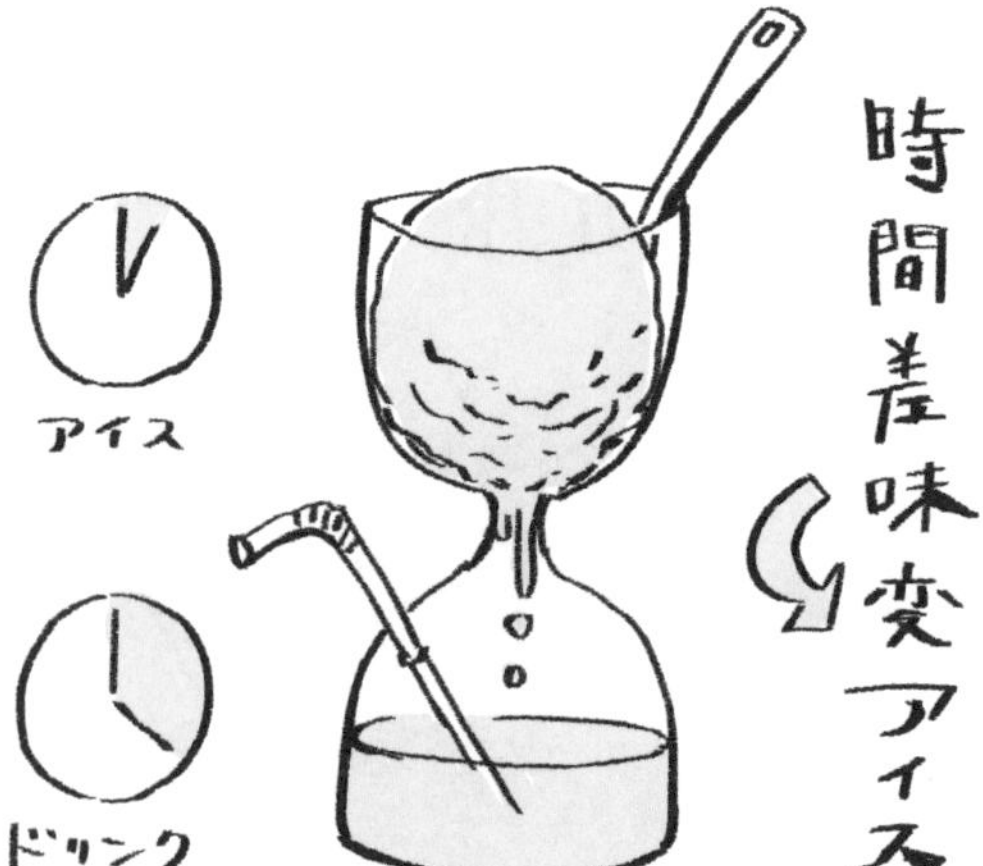

対象の中に潜んでいることです。矛盾そのものがギャップなので、それを活かす方向で考えると企画になりやすいです。

回路6　不可能を探す「○○って絶対〜できないよね」

6つめは、不可能を探すことです。

「○○って絶対〜できないよね」という、できないことから考えていきます。

たとえば、アイスは絶対に常温保存ができないという不可能があったときに、その常識から離れてみます。

そうするとたとえば「常温でもおいしいゼリーアイス」という企画が生まれます。

絶対にできないことを逆手にとるのは、う

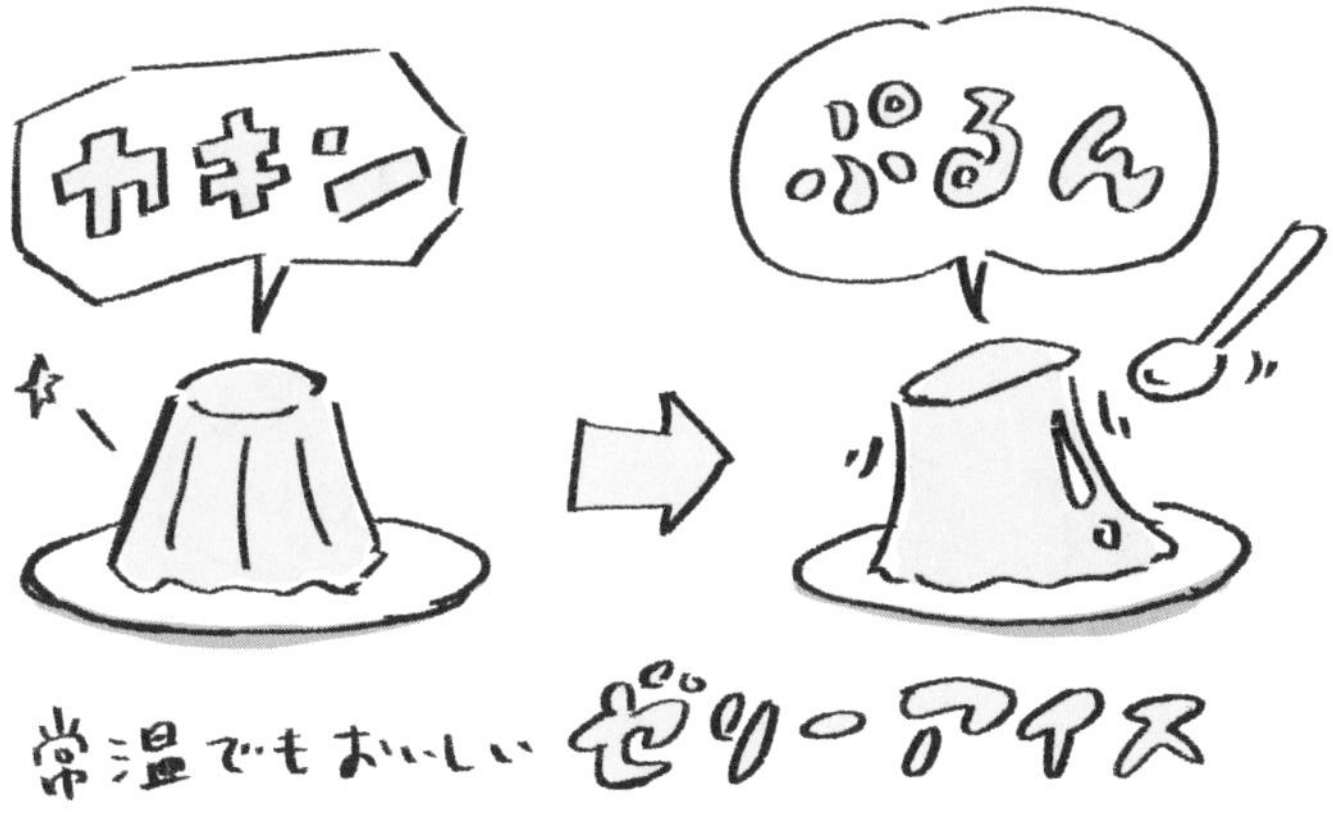

まく商品化できれば元のイメージを活かして分かりやすいギャップを作れるかもしれません。

回路7　相手を探す「○○って普通〜のものだよね」

7つめは、相手を探すことです。

「○○って普通〜のものだよね」と、通常誰が使う物なのかを想定し、そこからズラすことで意外性をつくる方法です。

マーケティング的にはターゲットという言葉を使ったりしますが、このターゲットをズラすという考え方です。

「アイスって普通、子どもが好きな物だよね」と、「子ども」という相手が見つかると、た

とえば「お酒にピッタリ　成人限定アイス」という企画ができます。

またアイスは人間の食べ物であるというところまで視野を広げると「ワンちゃんだって食べてみたい　ドッグアイス」という企画が生まれます。

哺乳瓶＝赤ちゃん⇩老人介護用哺乳瓶、ネクタイ＝男性⇩女性用ネクタイなど、「この商品にはこのターゲット」というイメージが強いほど、この回路は効果を発揮します。

回路8　好きを探す「わたし本当は〜が好きなんだけど」

8つめは、好きを探します。

「わたし本当は〜が好きなんだけど」という

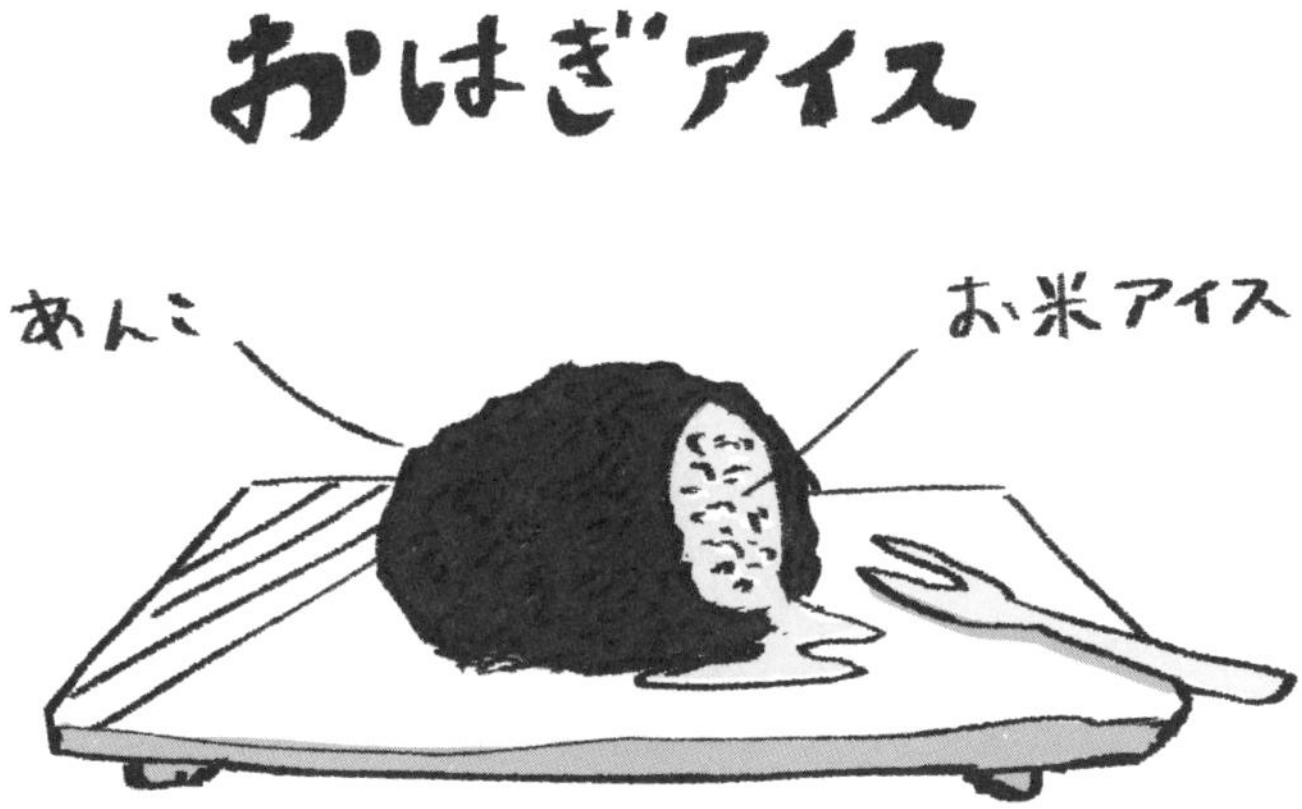

ように、目の前のお題に対して少しわがままに自分の好みをぶつけてみるという考え方です。

全く関係のないものを自分の好みというだけでぶつけてみることで、意外におもしろい組み合わせが生まれる可能性があります。

「わたし本当はアイスより、おはぎが好きなんだけど」という人がいれば「アイスをあんこで包んだ　おはぎアイス」が生まれます。「わたし本当は甘いものより辛いものが好きなんだけど」という人がいれば、「ピリリと辛い　七味アイス」が生まれます。

この回路は個人の好みに依存する要素が大きく、お題との組み合わせの運も多分に関係してきます。

少し試してみてうまくいかなければ、すぐ他の回路を使ってみることをオススメします。

回路9　偏見を探す「○○って結構～と思われがちだよね」

9つめは、偏見を探します。

「○○って結構～と思われがちだよね」というみんなのイメージから入ります。

CORN ICE
トウモロコシアイス
食物繊維たっぷり
まるごとICE
ニンジンアイス
食べてムキムキ
PROTEIN ICE
プロテインアイス

たとえばアイスって体に悪い、太りやすいと思われがちだよね、という偏見に対してギャップをつくってみます。

そうすると「食物繊維たっぷり　野菜アイス」「食べてムキムキ　プロテインアイス」という企画が生まれてきます。

一見、回路1の常識と似ているように見えますが、常識は一般的にみんなが知っている事実、偏見は人がもっている偏ったイメージです。

ときに常識と偏見は、因果関係になっていることがあります。たとえば「アイスは甘いもの」という常識が、「アイスは体に悪そう」という偏見を生み出しています。

似たものを一括りにしてしまうことは簡単ですが、入口の解像度をあげるとギャップの生み出し方も変わってきます。

回路10　制限を探す「○○って〜に限りがあるよね」

10個めは、制限を探すです。

「○○って〜に限りがあるよね」という制限を入口に考えていきます。

たとえばアイスって冷凍庫から出してもち歩く時間に限りがあるよね、という制限があります。

そこから「溶けても美味しい　飲むアイス」という企画が生まれたりします。制限は、「うまくいっていない状態」になる瞬間があるということです。

そこには間違いなく、工夫の余地が残されています。

このように**企画を考える対象物が同じであっても、回路を切り替えるだけで様々な切り口の企画をすぐに複数つくることができます。**

違う入口を用意してあげることで、企画の出口も変わってくるのです。

NOMU ICE
溶けても おいしい!
溶けたら 飲む
NOMU ICE
溶けても おいしい!

回路をたくさん知っているだけで、たくさん企画をつくることができます。

ぜひ、あなたもこの10個の回路を試してみてください。

どれかひとつはピタッとハマっていい企画を生み出せるものがあるはずです。


では、ここである企画会議の様子を想像してみてください。

それぞれ企画を用意したものの、決定打になりうる案が見当たらず打ち合わせは膠着状態に。腕を組んで唸ってみたり、パソコンで企画のためになるのか分からないような調べものをしてみたり、しまいにはスマホで友達のSNSにいいね!を押しはじめる。

そしてこういうとき、恥ずかしながら、わたしは思考が全く進みません。何も思いつかないのです。

こんなときこそ、是非この10の回路を試してみてください。わたしのように機能が停止しているメンバーにも、電気が走り出すかもしれません。

POINT

回路がたくさんあると、アイデアの電球もたくさん光る。

4章

あなたの仕事で使えるオリジナルの「回路」をつくる

評価される「おもしろい」の基準を知る

ここまで見ていただいた通り、人が「おもしろい」と感じるものには、やはりある程度法則がありそうです。

その法則から逆算してつくった「回路」を自分の頭にインストールしておくことで、だれもがおもしろいと感じる企画をつくることができます。

おもしろい企画の基準をより明確にするためには、あなたがつくる企画のジャンルで評価されている商品やサービス・受賞作品を調べてみてください。

もちろんこの世の中には、まだ日の目を見ていないおもしろいものも沢山あります。

しかし、効率的に自分の回路を構築するためには、審査員の審査基準と合意形成を経て評価された受賞作品が最高の教材です。

そしてただ見るだけではなく、ぜひ自分でリストにしてください。

審査員や審査基準が年によって変わっていたりするので、リストにするのは同じ年に入賞した順位順をオススメします。

もしあなたが回路をつくりたい領域に賞がなければ、商品の売上順位でもいいと思います。リストの詳しいつくり方は後で紹介します。

テレビ業界であればギャラクシー賞や日本民間放送連盟賞。

お笑い業界であれば、漫才はM－1、コントはキングオブコントがあります。

広告業界であれば、海外広告賞ではCannes LionsやCLIOやLIAなど、アジア圏だとSPIKES ASIA、ADFESTが有名です。

受賞作品は各広告賞のサイトでも時期によっては見られますが、いくつかまとめているサイトがあるので紹介します。adforum(https://www.adforum.com/awards)は、アワードごとにまとまっているので受賞作品に特化して見ていくには見やすいです。Ads of the World(https://www.adsoftheworld.com/)は、オリンピック関連、クリスマス関連などシーズンやイベントごとにキュレーションして世界の広告を紹介しているので、時勢に合わせた作品を見ることができます。国内の賞ではACCやTCC、GOOD DESIGN AWARDを見るのもいいと思います。

賞がない領域でリストをつくるときは売上ランキングを参考にします。たとえば「アイス　売上　ランキング」などで検索すると、商品の年間ランキングのネット記事などを見つけることができます。

より精緻な情報が知りたいという方は、Mpac(https://www2.fgn.jp/mpac/)やKSP-POS(https://www.ksp-sp.com/)など、コンビニなどのPOSデータを元にランキングを有料で見ることができるサイトなどもあります。

回路をつくるという目的においては、まずは検索でいくつかランキングを探し、それを元に作成するのをオススメします。

POINT

自分の業界の受賞作や売上ランキングをリストにする。

自分の仕事に直結する、オリジナルの発想の回路をつくる

3章の10の回路は、誰でもどんな仕事でも使えるように汎用的につくった回路です。

この4章では、あなたの仕事で使えるオリジナルの回路を、一緒につくってみましょう。


自分なりのオリジナルの回路は、困ったときにあなたを助けてくれます。

広告の企画という仕事は基本的にはオーダーメイドです。予算とオーダーがあって、それに合わせて企画を組み立てていきます。

毎回新しい問題に対して、新しい解を探しています。しかしそれによって、いつも白紙の状態から考えることを美徳とする文化や空気があります。実際クライアントによって商

品や状況は異なるわけですから、クライアントサービスとしてはオーダーメイドであるべきだと思います。

一方でプロフェッショナルとしては、ある程度打率をあげる必要があるわけです。

毎回企画を求められるたびに、企画を「配線」の段階であるイチからつくっていては、必要以上に時間がかかったり、配線がこんがらがってしまうのは当たり前です。

最初からある程度自分なりの回路をつくっておけば、急にアイデアや企画を求められたときに短時間でも高い品質を担保することができます。

これはプロフェッショナルとしては大切なことです。

毎回配線からやり直す必要はないのです。自分なりの発想の回路をもっておけば、企画のスピードも速く、精度も高くすることができます。

では早速、あなたオリジナルの発想の回路を、順を追って一緒につくっていきたいと思います。説明だけでは分かりにくい部分もあると思うので、具体例としてコンビニに並ぶアイスで発想の回路をつくってみました。

	タイトル	困りごと	アイデア	発想の回路
1				
2				
3				

①フォーマットをつくる

1 フォーマットをつくる

急に具体的な話になりますが、まずエクセルでフォーマットをつくっていきます。エクセルを開いたら、一番左上のセルに「タイトル」と記入してください。

その右隣に「困りごと」、そのまた右隣に「アイデア」、そしてさらに右隣に「発想の回路」と書いてください。これで下ごしらえは完了です。

2 商品・企画名をリストアップする

このフォーマットの「タイトル」の下に、

	タイトル	困りごと	アイデア	発想の回路
1	クーリッシュ			
2	爽			
3	雪見 だいふく			

②リストアップする

受賞リストの上位受賞順、もしくは売上ランキングの売上順に、上から企画名や商品名をリストアップしていきます。

10〜15くらいリストアップできれば、5個くらいは自分なりの回路を導き出せるはずです。

3 「困りごと」と「アイデア」を記入する

次に各タイトルに対して「困りごと」と、それを解決している「アイデア」を書き出していきます。

ここでいう**「困りごと」は、その商品・企画が何を解決しようとしているのか、なぜ企画されたのかというWHYにあたる**部分です。

	タイトル	困りごと	アイデア	発想の回路
1	クーリッシュ	バニラアイスは歩きながら食べにくい	飲むアイス	
2	爽	バニラアイスは夏食べるにはコッテリしている	氷とアイスでサッパリ	
3	雪見だいふく	アイスは夏以外に食べたくならない	「おまんじゅう」みたいな見た目で冬のコタツにも合う	

③「困りごと」と「アイデア」を記入

そして**「アイデア」は、その困りごとに対して商品・企画から提供された価値**です。

困りごとをどうやってアイデアの力で明るく照らすか、**どう解決するかというHOWにあたる**部分です。

広告賞では、受賞作品を発表するときに、このWHYとHOWがプレゼンムービーやボードで解説されていることが多くあります。

審査員のコメントや、商品開発秘話などの記事やインタビューも困りごととアイデアを書き出すうえで参考になるかもしれません。

もしそのようなものがなくても大丈夫。自分なりに想像した困りごととアイデアを書いてみてください。

このプロセスは「正解」を出すことが目的

	タイトル	困りごと	アイデア	発想の回路
1	クーリッシュ	バニラアイスは歩きながら食べにくい	飲むアイス	**食べ方を変える**
2	爽	バニラアイスは夏食べるにはコッテリしている	氷とアイスでサッパリ	**別の食材で食感を出す**
3	雪見だいふく	アイスは夏以外に食べたくならない	「おまんじゅう」みたいな見た目で冬のコタツにも合う	**別のモチーフを借りる**

④パターンを抽出

ではありません。自分で困りごととアイデアが何かを考えて、次のステップで抽出できるパターンを探すことが大切です。それぞれの正確さよりも、数をこなす方が重要なステップとなります。まずは作業を進めることを優先しましょう。

4 パターンを抽出する

最後に「発想の回路」の列に移ります。ここからはパターンを抽出する作業です。「困りごと」と「アイデア」を見比べて、**「これってつまり○○ってことだよね」**と、○○に入るような一言で言える「企画のパターン名」をつけていきます。それは**「困りごとに対し**

て、何をしたことによってその企画にギャップが生まれたのか」を考えることです。それが、あなたがつくったからこそ使える、あなた自身の「回路」になります。

回路をつくるときに注意しなければならないのは、抽象度と具体性のバランスです。回路があまりにも具体的すぎると再現性がなくなるので、いざというときに使えません。回路の抽象度は、自分でリストアップした他の事例に当てはめても使えるくらいの粒度にしておくことで、実際に自分で企画を考えるときにも使える回路になります。

抽象度を決めるうえで、いくつかポイントを挙げると、**ひとつめが一言で言えること。そして2つめが、他でも成立すること。3つめが、自分自身が覚えられること**です。この3つのポイントを押さえると、使いやすい回路になると思います。

いくつか回路の名前が出そろったら、同じ回路は色分けし、ソートできるようにしておくと実際に企画をするときに回路ごとに見ることができて便利です。

POINT

発想の回路をつくるコツ

1 **一言で言える。**
2 **他でも成立する。**
3 **自分が覚えられる。**

つくった回路を試してみる

先ほどのステップでつくったのが、次のページにあるオリジナルの回路です。せっかくつくったオリジナルの発想の回路ですから、早速使ってみましょう。リストをつくる際は一番右側の列にあった「発想の回路」ですが、実際に企画するときには「困りごと」と「アイデア」の間に回路が入ります。目の前の困りごとに対していくつか手持ちの回路を順に当てはめてみることで、光るアイデアを導き出します。

回路はアイデアを導くためのヒント。回路は困りごととアイデアをつなぐ橋のような役割を果たします。この回路をいくつももっていれば、目の前に困りごとが現れたときにたくさんのアイデアを光らせることができます。

	タイトル	困りごと	アイデア	発想の回路
1	クーリッシュ	バニラアイスは歩きながら食べにくい	飲むアイス	**食べ方を変える**
2	爽	バニラアイスは夏食べるにはコッテリしている	氷とアイスでサッパリ	**別の食材で食感を出す**
3	雪見だいふく	アイスは夏以外に食べたくならない	「おまんじゅう」みたいな見た目で冬のコタツにも合う	**別のモチーフを借りる**
4	アイスボックス	アイスは甘すぎる	さっぱりした氷にしてしまう	**別のモチーフを借りる**
5	チョコモナカジャンボ	バニラアイスは歩きながら食べにくい	板チョコみたいなデザインの最中で包んでしまう	**別のモチーフを借りる**
6	ピノ	アイスは一人でしか楽しめない	小分けにして一緒に食べられる	**食べ方を変える**
7	パピコ	アイスは一人で食べ切るには大きい	二つに小分けできるパッケージング	**パッケージを変える**
8	アイスの実	アイスは一人で食べ切るには大きい	ひとくちサイズのつまめるアイス	**別のモチーフを借りる**

オリジナルの回路（アイスの例）

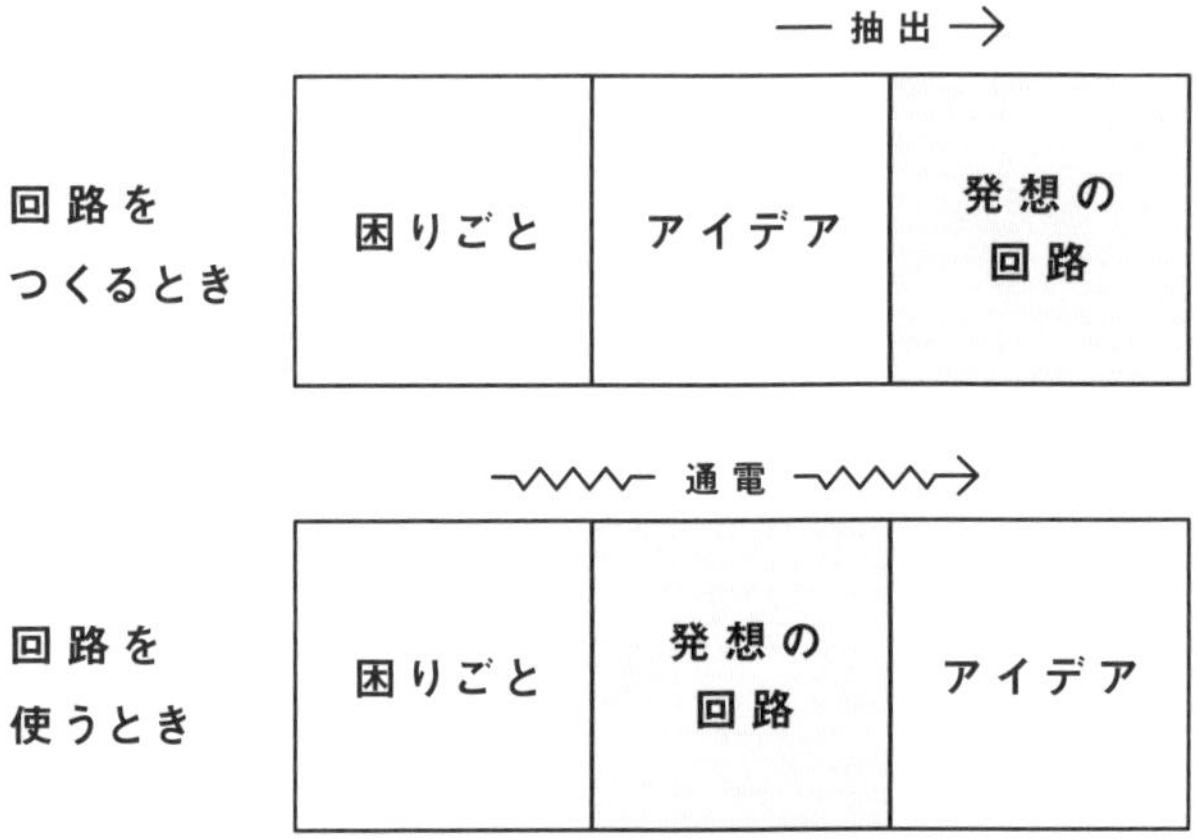

「困りごと」に対して回路を使う

試しにアイスの発想の回路で新商品を企画してみたいと思います。１４３ページの回路を改めて見てみましょう。

「食べ方を変える」
「別の食材で食感を出す」
「別のモチーフを借りる」
「パッケージを変える」

食べ方を変えたり、別のモチーフを借りることで、自分も名作アイスを生み出せそうな錯覚を覚えます。

これは企画するうえではいい錯覚なので、その勢いを大切にそのまま企画してみましょう。

困りごと	発想の回路	アイデア
食べるとき溶けて手が汚れる	食べ方を変える	家でナイフとフォークで食べる まるでレストランで出てくるようなアイス

回路で新しいアイスを企画する

まずはアイスの困りごとは何かを考えます。

ここでは仮に、「アイスは外で食べると溶けて手が汚れる」ことにフォーカスしてみましょう。

そして先ほどつくった回路から「食べ方を変える」を使って考えてみます。

そうすると「手を使って食べるのではなくナイフとフォークで食べる」というギャップができて「家でナイフとフォークで食べる贅沢なアイス」という企画が生まれました。

おうち時間が増えた今、ちょっといいおやつを家で手軽に楽しみたいという需要に応えます。レストランのコースで最後に出てくるデザートのようなイメージです。

スプーンではなく、ナイフとフォークでお

＼おうちでちょっとリッチな気分／

まるでレストラン

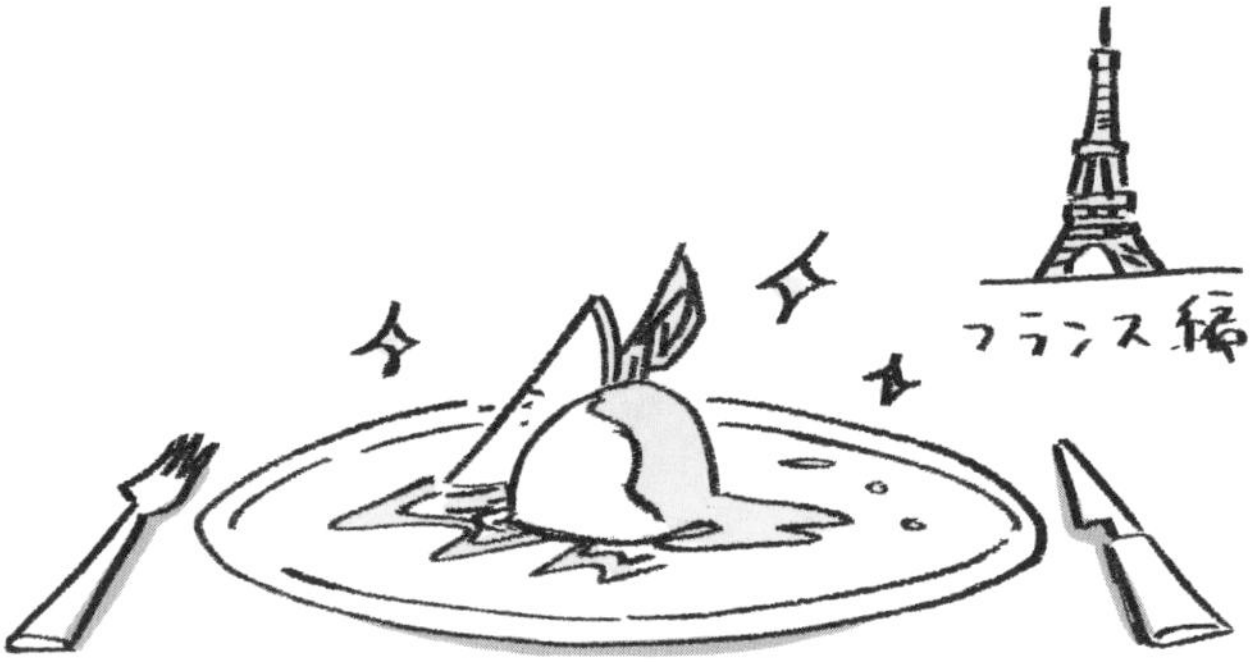

楽しみください。「まるでレストラン　シリーズ」なんてネーミングもハマりそうです。シーズンごとに、イタリア料理、フランス料理などテーマを変えて展開できるかもしれません。妄想はどんどん膨らんでいくのでこの辺にしておきましょう。

　このように、回路があると企画を考えるときにひとつの指針となります。

広告業界では「ディレクション」という言葉をよく使います。

ディレクションとは文字通り、方向や方角です。回路を元に方角を定めることができると、自分しかおもしろいと思わないアイデアをやみくもに考える時間を、大幅に短縮することができます。

POINT

8

発想の回路を使って
企画の方向性を定める。

回路は通電不順を見つけるのに役立つ

ここまではアイデアや企画をつくるときに、どこから考えはじめればいいか、どのように回路を活用すればいいかについて書いてきました。

ここからは視点を変えて、あなたが誰かにアイデアを考えてもらう立場になったときに、回路をどう使うかについて考えてみます。

回路はアイデアの通電不順を見つけるのに役立ちます。

つまり**回路は、企画をつくれる人と、まだ企画ができない人の共通言語になる**ということです。

若手のプランナーが先輩に「アイデアはいいんだけど、企画になっていないね」と言われることがよくあります。しかしそれを言われた若手プランナーは「じゃあどうしたらいいんですか」と疑問に思うわけです。

当たり前ですが、企画ができないから企画になっていないわけで、企画になっていないのだとしたら、企画にする方法を知りたいわけです（若手だった当時のわたしの心の叫び）。

では先輩のあなたは、後輩の若手プランナーになんと言えばいいのでしょうか。

「もう少し考えてみて」と言うのは簡単です。

しかしこれでは「自由に考えさせる」というゴールのないランニングです。

校庭を永遠に走らせるような無責任な指示なき指示を出すか、企画の方針を決めることで出口の方角を指し示してあげられるかによって、後輩のその後数日の時間の使い方は大きく変わります。

わたし自身、自分で企画をすることももちろんありますが、年次を重ねるに連れて後輩やスタッフにチームに入ってもらって、企画を一緒に考えてもらうことも増えました。

一緒にやってくれる後輩やスタッフの時間を大切にすることは、相手に対する最低限の責任です。

このときの問題は、**企画ができるようになってしまった人は、まだ企画ができない人がなぜできないのか分からなくなってしまっている**点にあります。

自分自身がどうやって企画できるようになったのか、忘れてしまっている。もしくは経験の中で自然と身についてしまったために言語化できないのです。

そんなときに**回路を元に会話することで、どこが原因でアイデアの電球が光っていないのか**、つまりアイデアはいいけど**なぜ企画になっていないのかを議論することができます。**

1 アイデアの通電不順

そもそも**「アイデアはいいんだけど、企画になっていない」と言われてしまう〝企画〟とは、どういうものでしょうか。**

それは、アイデアに独自性があるが、それを実現したところで誰も喜ばないことです。

この基準で目の前の企画を見ると、企画にする段階で問題があるのか、そもそものアイデアの段階で問題があるのかが分かります。

アイデア出しの段階でうまくいっていないときは、アイデアそのものというよりもアイデアを考えるうえでの条件設定が押さえられていない可能性が高いです。

アイデアは、360度自由に考えることができるため、考えるべき角度の幅が設定されないと、企画に進んだときには大きな違いになっていることも少なくありません。

この段階でつまずいているときは「考えなければいけないこと」と「実際に考えていること」に大体ズレがあります。

そんなときは、まず「何を考えなければいけないか」まで戻るのが得策です。

このとき大切になるのが、2章でも出てきた問題整理です。

うまくいっていない現状、その状態を引き起こしている原因、そして理想の状態が、それぞれ合っているのかチェックしましょう。

工夫の「4K思考マップ」が役に立ちます。

現状のアイデアが4Kのうち改善案なのか、解決案なのか、解消案なのか、回避案なのかを整理してください。そして、考えなければいけない方向と整合が取れているかを確認するのです。

実際には広告や商品開発など、ほとんどの企業活動においては「うまくいっていない結

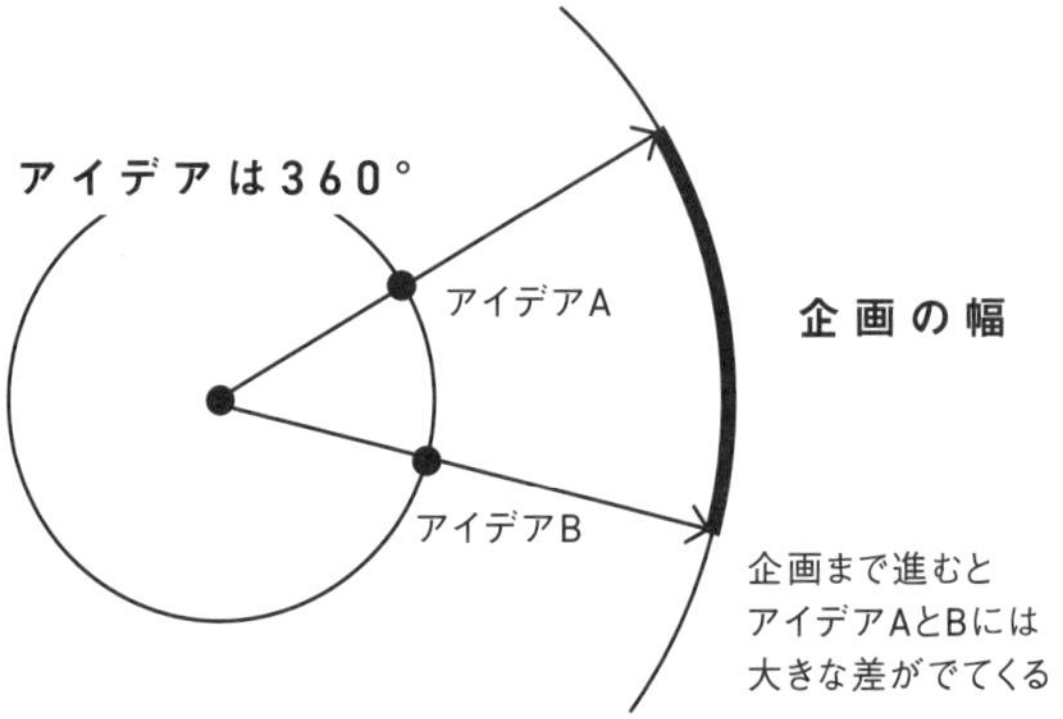

アイデアの角度、企画の幅

果の解決」つまり解決案が求められることが多いと思います。

そして大体うまくいかない企画は、解決が求められているにもかかわらず、改善や解消、回避の方法を提示してしまうアイデアなのです。

つまり**解決案が欲しいのに、改善・解消・回避案を提示してしまうから、企画が通らない**のです。

それらがうまく成立していない場合は、相手と一緒に工夫の「4K思考マップ」の整理から取り組んでみてください。

問題の整理はすべての企画の土台になっています。その整理が不安定である限り、どれだけたくさんアイデアを積み上げても、いい企画は成立しないのです。

まとめると、以下のようになります。

・アイデア通電不順チェックリスト
①工夫の「4K思考マップ」を用意する
②うまくいっていない現状、その原因、そして理想の状態は合っているか
③出ているアイデアは改善、解決、解消、回避案のどれにあたるのか
④求められている方向との整合がとれているか

2 企画の通電不順

続いて企画の段階での通電不順の見つけ方です。

企画として成立しているかどうかの判断基準は2つ。

ギャップがあっておもしろいかどうか、そして**誰かの欲望を叶えられているかどうか。**

この2つを基準に企画を見てください。

ひとつめの「ギャップがあっておもしろい企画」になっていない場合は、どうやったらギャップをつくれるかを一緒に考えましょう。

そんなときはぜひ、回路の1から10を試してみてください。

たとえば「チョコレートアイス」という、まるでギャップのない新商品の企画を後輩がもってきたとしましょう。

「甘いの逆は辛いだから、唐辛子を入れた『辛チョコアイス』とかどうかな？」と考えてみてください。回路を試していけば、ひとまずギャップのある企画はつくれると思います。

2つめは「誰かの欲望を叶えられているか」です。

具体的にターゲットは誰なのか、誰のどんなニーズを満たすのか、誰のメリットにつながるのかを議論できると、誰かの欲望を叶えるというポイントをおさえることができます。

アイデアを考える時点では、自分本位でも成立しますが、企画をつくる時点では徹底的に他人目線で検証する必要があるのです。

40ページで例に出した、ヘアワックスの企画会議を思い出してみてください。

いい企画として例示した「ハンドクリームにもなるヘアワックス」がありました。

そしてボツになった企画が「食べられるヘアワックス」でした。

前者はヘアワックスという商品からのギャップも、手に残ったヘアワックスでそのまま手の保湿ができるという欲望を叶えられそうです。

後者もヘアワックスという商品からはギャップがあっておもしろいアイデアではあります。しかしヘアワックスを食べたい人がどこにいるのかという視点でボツにしました。


ではこのボツ案を、いい企画に変身させてみたいと思います。

ギャップはすでにあるので、このアイデアが誰のどんなニーズを満たせそうかを考えてみます。ヘアワックスを食べたい人はいなそうですが、食べられるくらい安心できる材料でつくったヘアワックスを使いたいという欲望をもっている人はいそうな気がします。

そうすると「食べることもできるくらい品質と材料にこだわった　無添加ヘアワックス」という企画に変身します。食べられるというアイデアは同じでも、「叶えたい欲望」を押さえるだけで、アイデアの電球を光らせることができるのです。

POINT

ギャップがあっておもしろい企画→回路1〜10を試す。

誰かの欲望を叶える企画→誰のどんなニーズを満たせるかを考える。

5章

発想体質のつくり方

センスは磨くもの

ここまでは、アイデアや企画をつくるための具体的な方法を紹介してきました。

ここからは、発想力を高めるために常日頃から意識しておきたい姿勢について紹介していきます。

そもそも「発想力」という言葉には「チカラ」の文字がありますが、これは「能力」ではなく「姿勢」だと捉えてみてください。

発想力を殺す一番の要因は、「何も思いつかない」という思い込みです。

その思い込みが自分の脳みそにブレーキをかけてしまいます。そして一度この思い込みが自分の視界に入ると、なかなか取り除くことができません。脳みそのエンジンを無理やりでも動かそうとする姿勢だけが、あなたの脳みそを動かします。

そのためにも、アイデアを大袈裟なものと捉えずに、誰でもできる工夫だと捉えなおすことが必要なのです。

発想力豊かでいるための唯一の方法は、発想力豊かでいようとし続けることです。

一見当たり前に思えますが、その姿勢だけがわたしたちを前に進めてくれます。

「状態」であり「姿勢」ともいえる発想力は、発想「体質」という言葉が正しいかもしれません。

体質が運動や食生活など日々の習慣で改善できるように、わたしたちの発想体質も変えることができます。

ここまで読んでいただいた方のなかには「とはいえ、工夫をするにもセンスが必要でしょ？」と思われた方がいるかもしれません。

確かに何事にもセンスは必要です。

「おいおい、なんだよ。結局センスなんじゃないか」そんな声が聞こえてきそうですが、落ち着いてください。大丈夫です。センスは磨くことができるものです。そして、「発想の回路」は企画を立てるだけではなく、センスを磨くプロセスにもなります。

くまモンなどを生み出したアートディレクターの水野学さんは、著書『センスは知識からはじまる』の中で「センスとは、数値化できない事象を最適化すること」、そして「知識にもとづく予測」だと言っています。

たとえばファッションでも、「センスのいい着こなし」を数値化することはできません。しかし過去のコレクションやファッション全体の流れという知識があれば、今こういうアイテムや着こなしをするといいという予測をすることができます。

つまり**センスを磨くということは、結局は過去を学ぶこと**なのです。

しかし、センスは磨くものであるがゆえに、わたしたちはある問題にぶつかります。

それは**センスを磨いたことによって、自分にセンスが足りないと自覚する**ことです。

誰しも新米の頃には、まだできなくて当たり前という前提を意識しつつ仕事に取り組みます。しかし数年も経つと、たくさんのことを学び自然とセンスも磨かれていきます。

そして自分の仕事が「いいものではない」と気づいてしまうのです。

決して悪くはないが、誇れるほどいいものではない。

センスが磨かれたことで、自らの仕事のレベルも分かるようになり、落ち込んでしまいます。たくさんの人がこの壁に阻まれ、「自分にはセンスがなかった」と自分で烙印を押してしまうのです。

広告代理店に入社してすぐにクリエイティブテストで「落ちた」わたしは当時、「あなたにはセンスがない」と烙印を押されたような気持ちでした。

でも今思い返すと、たしかにあのときわたしには「まだ」センスがなかったのかもしれません。センスを磨く努力が足りていなかったのです。

入社して直後の社員にセンスがないのも、当たり前といえば当たり前です。おかげでわたしは、アイデアを出すこと、企画をつくることを仕組み化するためにどうするべきか考え続けることができました。そしてセンスは磨くもの、磨き続けるものだということも学びました。

センスは磨けば光るもの。これから紹介するのは、センスを磨くための工夫の集積でもあります。

POINT

センスは誰しも、
磨けば光るもの。

①自分の鮮度を意識する

今わたしたちは、自分をフレッシュに保つことが難しい時代に突入しています。

とはいえ「これだけ新しい情報が毎日飛び込んでくるんだから、むしろ逆にいつもフレッシュになれるんじゃないの？」と思う方もいらっしゃるかもしれません。

なぜわたしがそう主張するかというと、技術の進化と共に、自分に「合った」ものが提供され、自分に「合わない」ものが排除される仕組みが日々強化されていくからです。

あなたの手元のスマホの画面は、あなたに合わせてカスタマイズされた情報で埋まっています。amazon のオススメ商品には、まさにあなたが欲しそうな商品が並んでいます。

NETFLIXでは、映画やドラマなどの各タイトルにつき10〜15のサムネイル（表紙画像）が用意され、これまでの視聴傾向のデータからあなたが見たくなりそうなサムネイルが表示されるようになっています。

すでにあなたは、自分の好きなものに追いかけられているのです。

つまり、これからはさらに**「自分がまだ好きになっていないもの」を手に入れることが難しくなる**でしょう。

好きなものだけを消費する生活はラクで楽しいと思います。自分に耳馴染みのいいもの、自分に合いそうなものだけが自動で提供されたら誰だって無視できないでしょう。

でもそのなかにどれほど新しい発見があるでしょうか。

これからは、主体的に自分をフレッシュに保つ意識がないと、無意識の内に自分の好きなものに埋もれていってしまうのです。

ある種の「雑味」をどうやって生活に取り入れて、新しい発見ができる状況に自分の身を置くかという工夫が必要になります。

そこでわたしが実践していて、効果があると感じた3つの方法をご紹介します。

1　複数のコミュニティに立場と役割を変えて参加する

わたしたちは、同じ場所や立場にいるとあらゆることが固定化されていきます。家族、同僚や友人という存在は、自分と近い属性の人で構成されています。

人間関係や入ってくる情報、そして求められる役割が固定されると、必要となるスキルも限定されてしまいます。

そして努力しなくてもその役割をこなせるようになってしまうのです。

そこでオススメしたいのは**複数のコミュニティに所属し、違う役割と立場を担うこと**です。そうすることで自分に必要なスキルも、入ってくる情報も大きく変わってきます。

たとえばわたしは、クリエイティブディレクターとしての仕事の他に、恥研究家として執筆やオンラインサロン恥部《ちぶ》を運営していました。普段は接することがない異なる職種・世代のメンバーと毎月交流するだけでたくさんの発見がありました。

また最近では、大学生が主体のスマホだけで映像を撮影編集する動画サークルに入って毎月活動しています。

映像のプロであるはずのわたしより、大学生たちの方がスマホひとつで１００倍いい映像を仕上げてしまうのです。わたしは毎回彼らからたくさんのことを教わっています。自分の新しい面を増やすことで、自分をどんどん拡張していくことができます。

2 友人にオススメを聞いてみる

自分に合ったオススメはスマホからの情報で十分です。

そこで、あなたに合うか分からないものをかまわず勧めてくる人を探しましょう。

映画が好きな人、音楽が好きな人、漫画が好きな人、ファッションが好きな人。

ある分野に詳しい人を情報ソースとしてもっておくと、新しい自分が開けます。


わたしは誰かにオススメされた本や漫画などは、必ずその場で買うようにしています。

そうしないと忘れてしまうからなのですが、目の前で自分がいいと言ったものを買ってくれると、教えてくれた人も嫌な気持ちはしません。

そしてまた新しいオススメをしてくれるのです。

他人からの紹介は、自分では選ばないものと出合う大きなチャンスです。

3 自分自身も発信してみる

インプットだけをしていても意味はありません。

アウトプットなきインプットは無に等しいと考えてください。

毎日無限に浴びている数多《あまた》ある情報と同じように、あなたの体をシャワーの水滴のように流れていくだけなのです。

アウトプットしようとすることではじめて、頭の中が整理され、他の情報と統合され、体系化されていきます。

そこでようやく情報があなたの血肉となるのです。

アウトプットの方法はなんでもいいですが、Twitterでつぶやくのが最も簡単で継続しやすい方法だと思います。

メモ代わりにもなるので、記録としても使えます。

わたしは毎朝30分オンライン英会話を受講しています。世界中の人とその日の朝話して新しく知ったことを、メモがわりにツイートしているのです。

フォロワー数は関係ありません。自分のために発信してみてください。

POINT

あらゆるものが自動でオススメされるからこそ主体的に自分をフレッシュに保つ意識が必要。

②アイデアは表現しないと妄想で終わる

自分のアイデアを大切にしてください。

アイデアを出すというのは大変なことです。

だからこそ大切にしてください。

大切にするというのは、誰にも盗られないように、頭の金庫に鍵をかけてしまっておくことではありません。

アイデアを「自分のもの」にするためには、アイデアを世に出すことです。

自分の外に出すことは、あなたのアイデアがこの世に存在した証明となります。

アイデアは実現させないと妄想で終わってしまうのです。

あえて言いましょう。**アイデアそのものに価値はありません。**

アイデアは、個人の思いつきでいいわけですから。**実行しなければ価値が生まれない**のです。たとえば履歴書に書けるのは、あなたの考えではなくあなたがやってきたことです。やったことは考えたことの証拠です。

「アイデアを実現する」とは、アイデアを成功させるという意味ではありません。

「工夫の4K」を使い、思いつくことを全部やってみてください。

大体のことははじめからうまくいきません。安心してください。うまくいかなくて結構。それが次の工夫のチャンスです。

世に出すアイデアは、完成していなくていいのです。

「思いつき」ではじまったものは、形を変えていきます。

思いつきをそのままカタチにしようとするから、「アイデアが煮詰まるまで」という言葉が出てきてしまい、結局は自分の頭の中で終わってしまうのです。

最初は解像度が低かったとしても、実現させることが決まれば、必然的に解像度は上がっていきます。アイデアはあくまで出発点。たとえば、この本も最初のアイデアは全く違うものでした。ここだけの話。

そもそも、わたしたちが思いつくようなことは、すでに何人もの人が考えています。だからこそ急いでください。早く世の中に出した人が、そのアイデアを自分のものにできます。

POINT

やったことだけが、
唯一考えたことを証明できる。

③自分を妨げる「恥」と向き合う

アイデアを実行しようとしたとき、あなたを妨げるものは一体なんでしょうか？
アイデアをつくるセンスでしょうか？
アイデアを説明するプレゼンテーション力でしょうか？
それともアイデアを実現する経済力でしょうか？
答えは、あなたの中に潜む「恥」です。

自分のアイデアを誰かに見せるにはまだ十分ではない。自分の準備がまだ足りていない。
このように、**わたしたちは自分が「やらない理由」を並べ立てるのが大変得意な生き物**

です。

わたし自身も例外ではありません。

そしてその理由のほとんどが恥に起因しているのです。

恥は理想の自分と現実の自分のギャップから生み出されます。

理想が高ければ高いほど、現実と比べ恥が大きくなるのです。

そしてここに大きな罠が潜んでいます。

いいアイデアをつくりたいと思っている人ほど、いいアイデアを実現させる心理的ハードルが高くなってしまうのです。

自分の目指す基準が高ければ高いほど、その基準に達していないものを「取るに足らないもの」と考えます。そしてその状態で他人の目に晒すことを恥ずかしいと感じてしまうのです。動く前から、十分ではない、準備が足りないと考えて足がすくんでしまうのはこれが理由です。

ではそんな自分を妨げる壁のような恥を、どのように乗り越えていったらいいでしょうか。

答えは、恥に対する向き合い方を変えることです。

いま恥ずかしいと感じているとしたらそれは新しいことにチャレンジできている証拠です。つまり**恥はチャンスの目印になる**と捉えることもできます。

馬鹿げたアイデアと言われるのではないか。

アイデア以前に、そもそも自分が馬鹿だと思われるのではないか。

突拍子もない思いつきにはそのような恐怖が付き纏います。

数々のイノベーションを起こしたアップルのスティーブ・ジョブズがスタンフォード大学の卒業式で言った「STAY HUNGRY, STAY FOOLISH.」という言葉は有名です。STAY FOOLISHは直訳すると「馬鹿になれ」ですが、わたしには「馬鹿だと思われるようなことこそするべきだ」という意味に思えます。

馬鹿だと思われそうなアイデアは、誰もやりたがりません。だからこそ、そこには大きなチャンスが眠っているのです。

迷ったら恥ずかしい方を選ぶという姿勢が、最初の一歩を踏み出せないあなたの背中を押してくれるはずです。

この恥というテーマはかなりディープなので、もっと知りたいという方はぜひ拙著『いくつになっても恥をかける人になる』（ディスカヴァー・トゥエンティワン）を手にとってみてください。「やってみる」ということに対する心理的ハードルが間違いなく下がると思います。

POINT

8

馬鹿だと思われそうなアイデアにこそ、チャンスが潜んでいる。

④「デモ星人」「イイネ星人」「ナンデ星人」との付き合い方

この地球には3種類の星人がいます。

あなたがアイデアを実現しようとするときに、姿を現します。

それは「デモ星人」「イイネ星人」「ナンデ星人」と言います。

では突然ですがクイズです。あなたがアイデアを実現しようとしたときに、一番仲良くすべき星人はこの3種の中でどれでしょうか？

一緒に考えていきましょう。

でもそれは…

デモ星人とは

距離をとる

いいね！

イイネ星人には

見返りを求めてはいけない

なんでー？

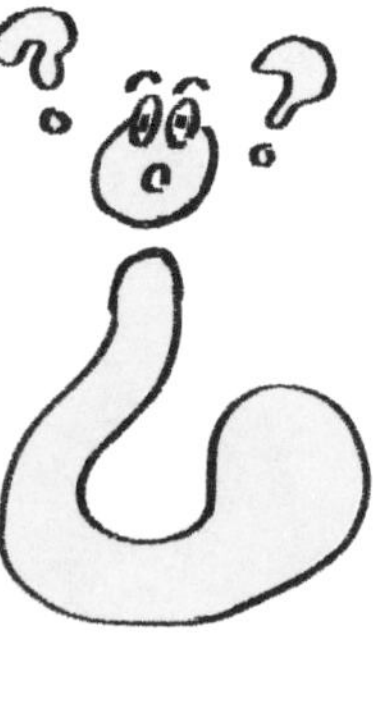

ナンデ星人は

大事にする！

⑩ 質問は思考を深めてくれる

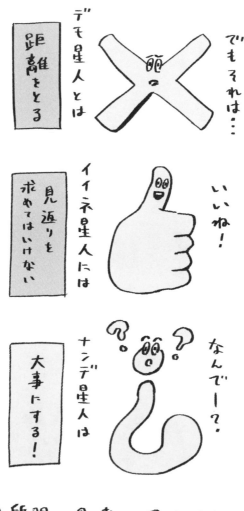

1 デモ星人

この星人は、あなたのアイデアに「デモ…」と付け加えてきます。「デモ、過去に似たアイデアがあったよ」「デモ、こうしないとうまくいかないよ」と、リスクや行動しない方がいい理由を並べ立てて、あなたのやる気を吸い取る星人です。デモ安心してください。**そういう星人は、大体自分自身に対しても、デモと言い訳をしてしまうタイプ**です。

またこの星人は、行動に移せるあなたに対して、羨ましいと妬みの感情をもっている可能性もあります。できるだけ距離をとりましょう。

もしくは、自分のアイデアを相手に話すのをやめるという付き合い方もあります。この星人にあなたの大事なアイデアを話しても、あまり得はありません。

2 イイネ星人

この星人は、あなたのアイデアに「イイネ！」と言って背中を押してくれます。

しかし期待のしすぎは禁物です。彼らは一見応援してくれているように見えますが、特にあなたに対して何かをやってくれるわけではありません。

イイネとは思っているし、言ってはくれますが、大体はその後何かあなたのために行動してくれるわけではありません。

もちろんこのイイネ星人から離れる必要は全くありませんが、相手に何か見返りを求めてはいけません。

相手に期待しすぎてしまうと、「結局応援してくれなかった」と相手を心のどこかで責めてしまいます。

いつも**「進めるも自分、やめるも自分」と自責の覚悟をもって向き合う**ことが大切です。

3 ナンデ星人

この星人は、何に対しても「ナンデ」と聞いてきます。

出会うと一瞬ひるみます。少し面倒にも感じるかもしれません。なぜならずっと反対されているように感じるからです。

ナンデと聞かれるのは、誰しもストレスがかかるものです。**しかし一番仲良くしなければいけないのはこの星人です。**

質問はいつもあなたの思考を深めてくれます。

WHYを考えることは、常にストレスがかかるものです。だからこそ一人では、誰も率先して考えようとはしません。

一見反対しているように見えるこの星人のナンデに向き合うことには、大きな価値があります。むしろ**ナンデは興味がないと出ない質問です。**その質問は少なくとも興味をもってくれている証拠です。

ナンデと聞く方も実は面倒なはずです。適当にイイネと言えば済む話に対して、あえて質問をしてくれる。わざわざ手間をかけてくれるナンデ星人を大事にしましょう。
そして**あなたも友人に対して、ナンデ星人になりましょう。**
デモもイイネも直接的にはその人のためにはなりません。
ナンデをぶつけてあげることが、相手の思考を深めるキッカケになるのです。

POINT

WHYを考えてくれる
ナンデ星人を大切にする。

⑤「何かやろうよ」は受け身だということを理解する

アイデアを実現させようとしていると、「おもしろいこと何か一緒にやろうよ」と言ってくる人が必ず現れます。

「何かやろうよ」という人の、その発言は基本的に無視してください。

残念ですが大体が時間の無駄になります。

わたしも年に数人このような人と出会います。このときにわたしがとる行動は2つです。「やりたいよね～」と言ってその場でその話を終わらせるか、その場で具体的に提案をします。そして次の日にはワードでまとめた簡単な企画書を送ります。そうでもしないと絶対に実現しないからです。

「何かおもしろいことをやろう」と言う人は、積極的な人に一見見えますが、実は消極的な人です。

「何か」と言っている時点で、消極的な選択をしています。

「何かやろう」は「何か提案してください」と同じことを言っているのです。

これまでの経験上、基本的にこのような人とプロジェクトをはじめてうまくいったためしがわたしはありません。

これはお互いがプロジェクトに対してオーナーシップをもちにくいのが理由です。わたしは相手に「何かやろう」と言われてはじめた、そして相手は提案されたという構造が、どちらも「自分ゴト化」しにくい状況をつくってプロジェクトが進まなくなります。

わたしは「何かおもしろいことをやろう」と言う人が悪い、と言っているのではありません。ここで言いたいのは、そのような人と流れで何かをはじめてもうまくいかないということです。

お互いが受け身の状態になってしまうと、いいアイデアもうまくいきません。

そこで工夫です。

目の前の人と何か一緒に取り組みをはじめたいと感じたときは、絶対に具体的な提案をこちらからするようにしましょう。

間違ってもあなたのほうから「何かおもしろいことをやりましょう」と言わないようにしてください。

もしかするとこれはプロジェクトをダメにする呪いの言葉かもしれません。

せっかくできたつながりや人脈を、もったいない使い方に終わらせる言葉です。

誰かに会いにいくときはなおさら、相手の貴重な時間をいただいているという認識をもって伺うようにします。

相手が具体的に動けるものを提案すること。人生において有限な時間という財産を1時間でも渡してくれるということは、有難いことです。

だからこそ、それ以上の価値を相手に感じてもらう必要があります。そしてだからこそ、相手も魅力に感じる光るアイデアが必要なのです。

結局、人は自分がやりたいと思ったプロジェクトでないと、自分で前に進めることができ

きません。

商流や利害関係のハッキリしている仕事とは違い、自分で進めていくモチベーションを保つことが難しくなります。だからアイデアは自分で考えることが大切なのです。

そして考えたあなたこそが、その考えを前に進めるべき人なのです。

POINT

アイデアを考えた人こそ
そのアイデアを実現すべき人だ。

⑥うまくいっていないことこそ「アイデアの宝庫」

自分がうまくいっていないことを、悲観してはいけません。

うまくいっていないことこそ、アイデアの宝庫なのです。

わたし自身、何かで成功したと思っていることはまだひとつもありません。でもそれでいいと思っています。

「うまくいく」を辞書で調べると、「物事がいい結果になること。滞りなくすすむこと」とあります。滞りないとは、流れていってしまうことでもあります。いい結果が出ると、わたしたちは安心して現状の流れを維持し、変化を受け入れにくくなってしまうのです。

うまくいっていない状態には、工夫の余地があります。考えるうえでのヒントの入口がたくさんあります。

実際広告の仕事において、プランナーやクリエーターとして一番考えるのが難しいのは、現状うまくいっている商品やブランドの広告です。

それは新しいアイデアを求めていないからです。

うまくいっていると、変化を求めることはありません。

ただ「求めていない」ことと、「必要ない」ことは違います。

物事はいつまでもうまくいくとは限りません。うまくいかなくなる瞬間を見越した工夫は、求めていなくても必要になるときがあります。


さらに、うまくいっていない状態は最高のコンテンツになります。

わたし自身このように本を書いているのも、うまくいっていなかったからだと思っています。最初からアイデアが湯水のように溢れ出ていたら、企画を積み木のように自由自在に組み立てることができていたら、ここまでアイデアや企画に対して真剣に向き合っていなかったと思います。

そもそも他人のうまくいっている話には、誰も興味がありません。

甘い恋愛ドラマや熱血スポ根ドラマもすべて、主人公がうまくいっていないからこそ人は飽きずに見続けることができます。

どれだけメロディが素晴らしくても、人生すべてうまくいっている人の気持ちを歌った歌を、誰が聴きたいと思うでしょうか。

うまくいっていない状態を歌っているからこそ、共感が生まれるのです。

うまくいっていない状態には、たくさんのヒントが隠れています。そしてその状況に身を置いていたことはいつか、あなたの大きな財産になるのです。

だから今何かうまくいっていなかったとしても、悲観してはいけません。

POINT 8

うまくいっていない状態は
最高のコンテンツになりうる。

⑦ひとつのことに集中してはいけない

わたしは、ひとつのことに集中しないようにしています。

品質の高いものをつくるうえでは、ひとつのことに集中してたくさん時間をかけた方がよさそうな気もします。しかし発想力を高めるという点ではその逆です。

理由は2つあります。

ひとつは、大体のことがうまくいかないからです。ひとつに集中して、全時間を投資して心血を注いでうまくいかないと、それに比例して精神的なダメージも大きくなります。

ひとつに全ベットで賭けていたら、ハズレたときに大目玉を食うのは当たり前です。

さらにひとつのプロジェクトが止まると、「何もしない期間」が発生します。そこからまた自分の熱意を持ち上げ直すには相当のエネルギーが必要になります。

オススメはやりたいプロジェクトを、少なくとも3個くらいは並走させることです。そうすれば仮にひとつがうまくいかずに立ち消えてしまっても、物理的にプロジェクトが存在していない期間は発生しません。熱意を途切れさせることもありません。

これがダメなら次は他を頑張ろうという気持ちに、隙間なく移ることができます。

2つめは、複数のプロジェクトが頭の中で相互に刺激を生むからです。

アイデアや企画を出す対象は違っていても、使っている自分の脳は同じです。そのひとつの脳に、それぞれ全く関係ない要素を同時に存在させることができるのは大きなメリットです。

2章の冒頭で紹介した『アイデアのつくり方』の中でジェームス・W・ヤングは、既存の要素の新しい組み合わせの大切さを説いていましたが、その新しい組み合わせを生み出しやすい状態にする方法が、複数プロジェクトを同時にこなすことです。

全く脈絡のない複数の情報や文脈を混在させることで、それが「新しい組み合わせ」になります。実際に全く関係ないところで考えていたことが別のプロジェクトの土台になるようなことはよくあるのです。

自分を発想力豊かな状態に保つためにも、ひとつのことだけに注力するのではなく、複数のプロジェクトをもつことが、自分で自分を前に進めることにつながります。

POINT

複数のプロジェクトをもつことが熱意の維持と、脳の刺激につながる。

⑧ 飽きは創造の入口

詩人の谷川俊太郎さんは、とあるインタビューで「あなたにとって創造性とは何か」と問われたとき、「ものごとに飽きる力」と返答したそうです。

「飽きた」という状態は、創造性とは無縁に感じる方もいらっしゃるかもしれません。飽きたとは退屈で、やることがないような状態です。

確かにワクワクするような新しいアイデアとは真逆に見えます。

飽きるというのは、停滞している状態です。目新しい結果が出てこなくなったときに人は飽きてしまいます。つまりそれは、うまくいっていないのです。誰しも飽きるのは嫌だと思うのではないでしょうか。

しかし**飽きるまでやることではじめて、わたしたちは「次にどうしたらいいのか」「別の方法を試すとどうなるのか」を考えはじめることができます。**

飽きることでようやく、わたしたちは新しい工夫ができるようになるのです。

英国の社会心理学者グラハム・ワラス氏が1920年代に提唱した「創造性が生まれる4段階」によると、創造性の生まれる思考は①準備期、②培養期、③発現期、④検証期の4つに分けられるといいます。

①準備期はベースとなる情報や知識をインプットする時期です。

次の②培養期では、積極的に問題に取り組んだあとに問題から離れるべきだといわれています。そしてようやく次の③発現期でアイデアが生まれ、④検証期でそのアイデアの有用性を検証すべきだと説いています。

この①準備期から②培養期に移るまでに発生するのが、飽きるという心理状態なのです。

また「飽きる」を考えるうえで脳の機能にも触れておきましょう。

これまで創造性というと脳を左右に分断して「右脳が創造性を司り、左脳が論理性を司っている」という考えが世の中一般的でしたが、最近の脳の研究においては、脳の右左ではなく左右両方の脳の「モード」によって機能が切り替わっているということも明らかになっています。

米国ハーバード大学の脳科学研究者ロジャー・ビーティ氏の2018年の研究によると、脳には3つのネットワークが存在し、創造的な人はこの3つを切り替えるのがうまいということが明らかになったのです。

ひとつめがデフォルトモード・ネットワーク（DMN）で、簡単に言うと、ぼおーっとしている状態です。このモードは自由に発想を広げるような拡散思考時に活動します。

そして2つめがエグゼクティブ・コントロール・ネットワーク（EN）。いわゆる何かに集中している状態です。このモードは明確なゴールをもった収束思考で活動します。

そしてその2つを橋渡しするのがサライアンス・ネットワーク（SN）です。

つまり**集中状態と、ぼおっーとした状態を行き来することが創造的であるために必要**だということが分かったのです。

先ほどの「創造性が生まれる4段階」を振り返ると、①準備期で集中し、②培養期で離れてぼおーっとしたことで、③発現期に入り、また④検証期で集中する。このプロセスが創造性と大きく関わっていそうなことは納得です。

わたしたちは今、「飽きにくい時代」を生きています。

それはわたしたちの退屈を、手の上のスマホがすぐに埋めてくれるからです。やることがなくなれば、すぐにスマホに目を移す。これはわたしたちの日常になってしまいました。つまり脳のぼおーっとする時間を奪ってしまったのです。

飽きるまでやる。飽きることを許容する。

飽きたときに、次にどうしようかを考える時間と余裕を確保することを意識して行うことが、自らの創造性を確保することにつながります。

POINT 8

「飽きにくい時代」を生きているからこそ意識して、飽きから工夫をはじめる。

⑨自分の興味のエンジンを刺激する

残念ながら、自分を前に進めていけるのは自分しかいません。

白馬の王子さまは待っていてもやってこないのです。

わたしたちは、自分の人生という道で、車を運転しているようなものです。まさに「人生ゲーム」のように、横にパートナーが乗ってくれたり、子供が増えたりはしますが、結局車のハンドルを握るのも前に進めるのも自分です。

自分で自分を前に進めるということは、自分で自分の背中を押すということです。

英語では、〝Pushing myself forward〟という言葉があります。

そしてそれは、自分で自分の機嫌をとるということでもあります。自分の興味がどこにあるのか理解し、どうすれば自分が機嫌良く取り組むことができるのか工夫することが必要です。

どう刺激すれば自分は前に進みやすいのか、逆にどういう状態にあると自分は前に進みにくいのかという原理を理解していると、自分自身のハンドル操作がラクになります。

わたしが全く興味のなかったバイクの仕事と向き合えるようになったのは、バイクを趣味にしようと決めたからでした。

ファーストバイクとしては珍しいフルカスタムでバイクをオーダーするところからはじめたのは、折角なら他の人と同じものには乗りたくない、違う方が嬉しいという自分のエンジンを理解しているからです。

わたしが自分で本を書くのは、自分自身が若いときにキャリアを含め色々なことがうまくいかず、「もっと早く誰かに教えて貰えばよかった」と思うことがたくさんあったからです。「自分と同じような苦しみを誰かに味わって欲しくない」というエンジンに火をくべて走っているのです。

「興味がない」この発言をした瞬間にわたしたちの思考は完全に停止してしまいます。目の前のことに興味がもてないと、工夫をする余地が完全になくなってしまうのです。

どうやったら目の前のことに興味をもてるようになるかを工夫することで、思っていなかった道が開けてきます。

どうやったら自分の機嫌をとれるか、モチベーションを発揮できるかという工夫をすることで、走るのをためらうような道でもわたしたちは前に進んでいくことができます。

自分の興味というエンジンをどう刺激して、自分の舵をとっていけるかで進む道は変わるのです。

POINT

自分の背中を自分で押す。
自分の機嫌を自分でとる。

⑩「行動の企画化」で習慣化させる

「習慣を変えると人生が変わる」という言葉を、みなさんも一度は聞いたことがあるでしょう。

かの哲学者アリストテレスも「人は習慣によってつくられる」と言いました。

また米国デューク大学の研究によると、わたしたちの日常の行動の約4割は、その場で行われた決定ではなく習慣によって選択されているそうです。

習慣化することの大切さは、きっと誰もが頭では分かっています。

しかしほとんどの人が、何かを継続しようとして習慣化できずに挫折した経験があるのではないでしょうか？

わたしにもたくさんあります。習いはじめたクラシックギターは、部屋で10年以上ほこりをかぶっています。ぽっこりおなかが気になって行きはじめたジムは10kg体重を落とした時点で行かなくなり、今では15kg増えています。

そんなわたしが、1日も欠かさず続けられていることがひとつあります。それが「#自撮り修行」です。

「1年間毎日自撮りをしています」と言うと大体の人に驚かれますし、自分自身が一番驚いています。1年以上毎日何かひとつのことを継続できたのは、人生で初めてのことでした。

2009年に英国ロンドン大学が行った研究では、人は何かを習慣化させるために平均66日必要だという結論が出たそうです。この実験では水を毎日飲むという簡単なものから、毎日運動をするなど幅広い行動の習慣化を調査しました。その結果、習慣化には最短で18日、最長で254日かかったことから、平均66日という数字が導き出されています。

わたしの「修行」は66日どころか、もうすぐ2年に到達しようとしています。

ここまで続いたのは、習慣化するために自分なりの「ある工夫」があったからでした。

それは「行動の企画化」です。

毎日30分運動するなど、「毎日○○をする」という行動だけ決めても続かないのが我々人間です。だからその行動に名前をつけて企画化してしまうのです。

「いや、名前をつけたって同じように続かないよ」

そう思われた方もいるでしょう。しかし、**行動に名前をつけると、その行動への心理的ハードルが下がるのです。**


名前をつけるという行為は、決めることでもあります。

毎日自撮りをすることを、「自撮り修行」と名付けた。

その「決まったもの」が、自分に対する強制力として働きます。

また名前をつけると他人と共有しやすくなります。


たとえば「わたしは朝活をするために、毎朝5時に起きるようにしています」と言うより、「わたしは『朝活5』というのをやっていて、毎朝5時に朝活しているんです。今度一緒にランニングしませんか？」と企画にする方が他人を巻き込みやすくなるのです。

あなたが習慣化したいと思っている行動はなんですか？

ぜひその習慣に企画名をつけてあげてください。

企画名と考えると難しくなりそうであれば、ＳＮＳで使うハッシュタグでもいいかもしれません。

＃自撮り修行＃朝活5

こんななんでもないハッシュタグが、あなたの人生を変える習慣になるかもしれません。

POINT

8

習慣化したい行動に名前をつけると心理的ハードルが下がって習慣化しやすい。

⑪「タスク」ではなく「プロジェクト」と捉える

仕事術の本を読むと、「毎朝のタスクを書き出して処理していく」とよく書かれています。

しかしタスクで物事を捉えると近視眼的になる危険性があるとわたしは考えています。

タスクとは元々コンピュータ用語で、コンピュータ上で処理される「仕事の最小単位」という意味で使われていました。

そこからビジネスの場でも「やるべき仕事」や「課せられた仕事」という意味で使われるようになったのです。

さらに遡ると、タスクはラテン語の「税」を意味する言葉だったようです。

このタスクの対義語として、プロジェクトという言葉があります。Ｐｒｏ（前に）＋ｊｅｃｔ（投げる）という文字通り、未来に向かって投げかけることが語源になっています。研究や計画という日本語が訳として使われます。タスクは決めたことをやること。そしてプロジェクトは何をやるか考えてやることなのです。

目の前の物事をタスクで捉えると、必然的に「やった・やっていない」「成功・失敗」という判断基準で見ることになります。

仕事の最小単位にはこの判断基準が適応できてしまうからです。

しかしすべてをプロジェクトだと捉えるとどうでしょうか。

プロジェクトは未来に向けた研究です。プロジェクトには終わりがありません。

つまり終わりがないことによって、「やった・やっていない」「成功・失敗」もない。

自分で終わらせない限り、ずっと続いていくことになるのです。

そしてプロジェクトのメリットは、その傘の下で何をやっても成立するということにあります。

たとえばわたしの「恥研究」というプロジェクトでは、本の執筆、メディアでの連載、講演やワークショップが現在の主な活動内容です。それは子ども向けに絵本を描く、大学でゼミをもつ、社会人向けの人材教育教材の開発など、自分の工夫次第で広げていくことができます。

またタスクは税というニュアンスがあった通り、課せられた仕事になりがちですが、プロジェクトと捉えると自分が主体的に動けるようになります。

先日、家事についてある女性がつぶやいたおもしろいツイートを見つけました。

子どものいる夫と妻の家事の捉え方の違いです。

夫は家事をタスクで捉えていて、妻はプロジェクトで捉えているという違いが夫婦のすれ違いを生む原因なのではという考察でした。

たとえば子どもを連れて出かけるとき、わたしを含めきっと多くの夫は「オムツの準備OK、着替えOK、水筒OK、よし自分のすべき準備OK」と、やるべきことが終わった段階でスマホをイジりはじめたりしがちです。

その姿を見て妻は怒りを覚えるのです。「洗濯物干すの手伝って」と。

しかし自分のタスクはこなしたと思っている夫はそれに反発します。そして言い争いがはじまってしまう。それではせっかくのおでかけが台無しです。

夫が出かけるための準備をタスクとして近視眼的に捉えていたのに対し、家事をプロジェクトとして捉えている妻は、出かけたら洗濯物が増えることを見越し、先に洗濯物を干すというところまで想像力が働いていたのです。

すべてをプロジェクト単位で捉えると、自分の「やった・やっていない」「成功・失敗」という概念は変わります。そしてより自分の生活を主体的に生きることができるのです。

POINT

タスクは決めたことをやること。
プロジェクトは何をやるか考えてやること。

6章

工夫は自分の未来を変えるチカラ

小さな工夫が「予想もできない未来」にあなたを連れていく

2章ではアイデアをつくるために「工夫」が必要だと説明しました。

しかし「工夫」は、アイデアをつくるときだけに必要なチカラではありません。

最終章では、「工夫」がもつより大きなチカラを紹介します。

あなたは、このまま地続きの未来にいる自分と、想像していなかった未来にいる自分のどちらを望みますか？

工夫には未来を変えるチカラがあります。

大袈裟に聞こえるかもしれませんが、本当です。

工夫には、現状から地続きの変わらない未来から自らを遠ざけるチカラがあります。

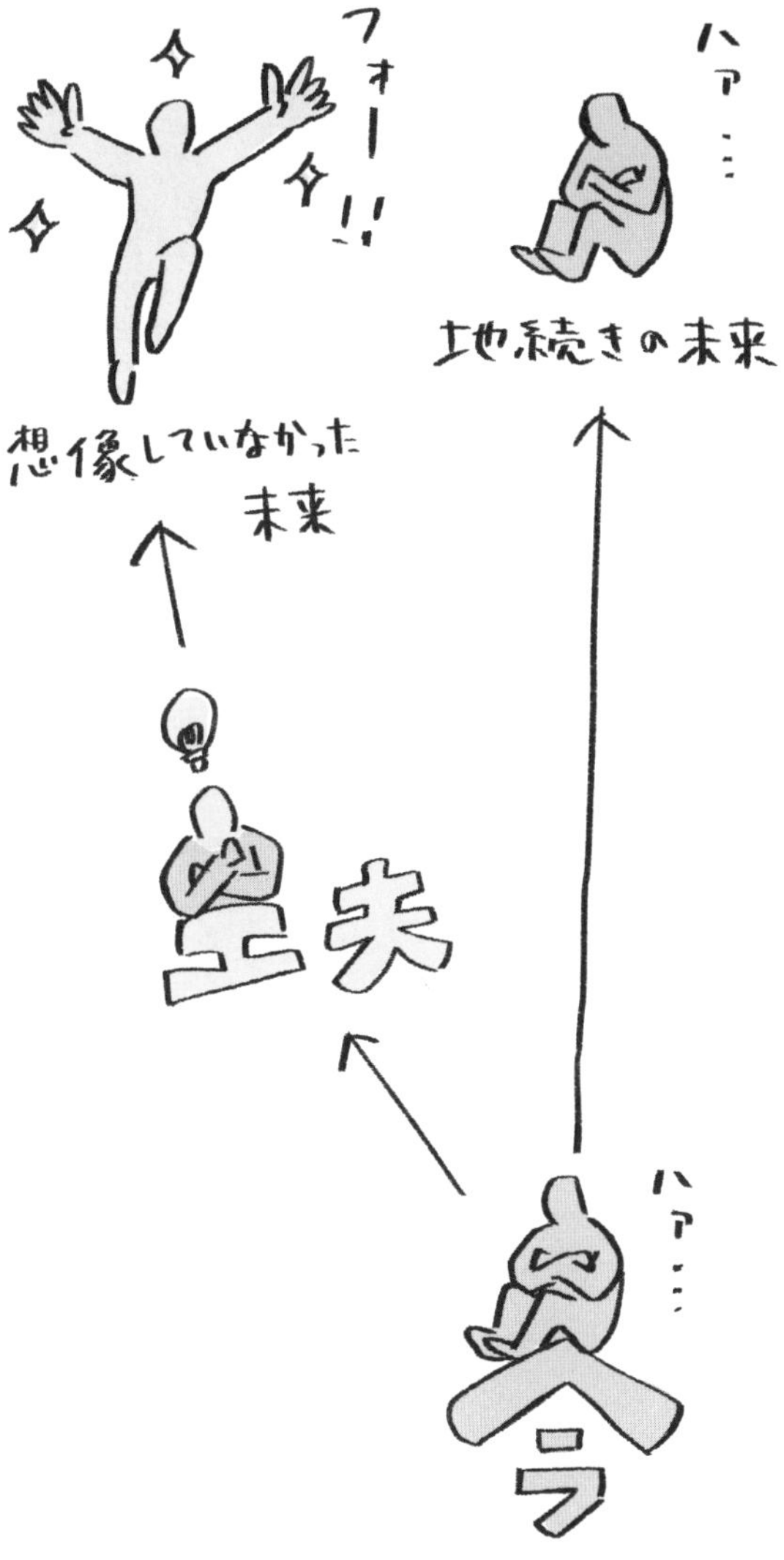
フォー!!
ハア…
地続きの未来
想像していなかった未来
工夫
ハア…
今

想像していなかった未来に自分を連れていってくれるチカラがあります。

その証拠は、わたし自身の経験にあります。


ここまで何度か書いてきたとおり、わたしは電通入社後のクリエイティブ試験に落選しています。そのときは、誰からも言われていないのに、「君には才能がない」と言われたような気がしました。わたしの「うまくいっていない現状」はここからはじまりました。


そこから気づけば7年の月日が流れ、主にイベントやデジタルキャンペーンを企画実施するプロモーション局から、営業の部署に異動が決まりました。

しかも担当はバイクのクライアント。わたしはバイクには触ったことすらありませんでした。

そして元々やりたかった企画の仕事からどんどん遠くに流されている感覚から、心を閉ざしてしまったのです。

営業なのにスーツを着ないで出社し、活躍しているクリエイティブの同期や後輩のSNSをブロックして見ないようにしていました。

このときわたしは、自分がうまくいかないのは、環境や他人のせいだと思っていました。すべてを周りのせいにして、自分の状況を変えるため何をするべきか、考えることを止めてしまったのです。**「目の前の現実から目を背け続け、内心言い訳ばかりしている営業」**という地続きの未来に向かってただ流されていくだけでした。

しかし、小さな工夫によって4つの変化が起こったのです。

1 小さな工夫で仕事が楽しくなった

来る日も来る日も、バイクの専門的な用語が飛び交う打ち合わせの内容が、全く理解できません。

2ヶ月くらい経ったある日、ようやくわたしは考えはじめました。どうしたら今の仕事を楽しめるか。

そしてその日、**わたしはいつもより早く会社を出て、バイクの教習所に向かった**のです。自分なりの小さな工夫が、未来を変えた瞬間でした。

二輪の免許を無事に取得し、わたしはフルカスタムバイクを手に入れました。仕事として向き合っていたバイクは、新しい趣味になったのです。

その数年後に自分がバイクに乗っている動画がSNSで500万回再生されて、インスタグラムのフォロワーが3万人を超える日が来ます。

教習所に通う前のわたしに想像できたでしょうか。目の前の仕事を楽しくするための、免許をとるという小さな工夫が、間違いなくわたしの未来を変えたのです。

2 小さな工夫で異動が叶った

そして営業の仕事が楽しくなりはじめた頃、わたしは自分が企画の主体になるための方法を考えていました。

そこではじめたのが自主プロジェクトです。企画のプロで溢れる社内で、わざわざ営業の部署にいるわたしに企画を頼んでくれる人は誰もいません。

であれば、**自分で企画をはじめるしかないと考えたのです。**

そのタイミングで紹介されたのが、群馬の桐生市で米農家を営む遠藤さんでした。

遠藤さんが米作りをしている地域は水が綺麗で美味しいお米ができることで知られてい

ましたが、後継者がいないという問題を抱えていました。

実際、農林水産省のデータによると農家の方の平均年齢は67歳、30歳以下の農家の人口は3％にも満たないことが分かりました。

お米をつくるプロセスを知らなかったわたしは、遠藤さんにお願いして東京から片道3時間の桐生に何度も足を運んで農業の手伝いをさせてもらいました。農業と無縁だったわたしにとってこの体験は新鮮でした。

そこで、農業体験と美味しいお米をセットで販売し、それを入口にした就農の仕組みがつくれないかというアイデアが生まれました。

そして現地のＮＰＯと一緒につくったのが「求人米あととりむすこ」という商品です。お米のパッケージそのものを求人広告にして、お米を買うと農業体験に参加できるようにしました。

「求人米あととりむすこ」はグッドデザイン賞など複数の賞を受賞し、わたしはこの年にそのネーミングで、コピーライターの登竜門のＴＣＣ新人賞を受賞することになりました。

ヤングカンヌの日本代表になったのも同じ年でした。

次の農家を見つけるお米。
募集
この味を、超えてほしい。
あととりむすこ

カンヌの受賞作品や、TCCのコピー年鑑をエクセルにまとめていったことで、自分の中にできた回路がようやく通電しはじめました。

「発想の回路」をつくるというちいさな工夫の積み重ねが、ようやく実を結びはじめたのです。

そしてその年、わたしは社内のクリエイティブテストに合格し、念願のクリエイティブ局に異動。コピーライターの名刺を手にしました。入社して8年目のことでした。

3 小さな工夫で人気者になれた

翌年わたしは2度目のカンヌを訪れることになります。

カンヌライオンズ国際クリエイティビティ・フェスティバルの中で行われた「ヤングライオンズクリエイティブアカデミー」に参加するためでした。

前述のヤングカンヌとの違いは、アイデアを競い合うコンペティション形式ではなくスクール形式であること。世界中から若手クリエイティブ25人が集まりました。

わたしは幼少期をエジプトとドイツで過ごしたというレアキャラではあるものの、それ以降はずっと日本で生活しているため英語はネイティブではありません。5日間という短期間で国も言語も違う参加者たちと距離を縮めるためにどうしたらいいか、考えました。

そして実践した工夫が、**初日の自己紹介の時間に行った「筆ペンチャレンジ」でした。**「わたしは日本のコピーライターなのでみなさんの名前を漢字に変換します」と言って、一人一人の名前を当て字にして筆ペンで漢字を書き、意味を添えてプレゼントしていったのです。結果は大好評。メンバーの中で一番の人気者（自称）になり、オーストラリアからの参加者とは家に泊まりに行くくらい仲良くなりました。

英語を話す相手と仲良くなるためにした工夫は、意外にも日本語を使うことだったのです。

4 小さな工夫が予想もできない未来に連れてきた

2020年、前著の『いくつになっても恥をかける人になる』を執筆しはじめた頃。担当編集者との打ち合わせで「中川さん、発信力をつけてください」と言われました。

普段広告の仕事をしているときは、クライアントの企業がSNSで発信するときにアドバイスをしたり投稿するコンテンツを制作することはあったものの、「広告の仕事をする人は黒子である」という言い訳を自分に言い聞かせて、自分のSNSはどれも休眠状態でした。

何を投稿したらいいか分からない、そして毎日投稿できるようなコンテンツもない。

そこではじめたのが、毎日欠かさず自分の姿を撮影してインスタグラムに投稿する「#自撮り修行」でした。

この本を執筆している時点で、わたしの「修行」は700日を超えました。

わたしは恥を理想の自分と現実のギャップが生み出すものと定義しています。

そしてその恥から自由になる方法が、今の自分を受け入れる自己受容にあると考えています。

毎日必ず行う自撮りは、どんな自分でもさらけ出すという意味で、最高の自己受容プロセスです。また、毎日必ず着ている服こそ毎日投稿できるコンテンツになると思いつきました。

投稿を続けた結果、わたしのインスタのフォロワーは3万人を超えました。

NETFLIXで世界一再生されたタイトル『イカゲーム』続編のキャスティングチームからインスタグラムのメッセージをもらってオーディションを受けたこともあります。

インスタグラムがきっかけとなり、マガジンハウスの雑誌BRUTUSで「中川諒の赤恥研究所」という連載もはじまりました。

当初求められていた「発信力」がこれでよかったのかはもはや分かりませんが、間違いなくわたしは過去の小さな工夫によって、予想しなかった未来に導かれています。

これらの変化が起こったのは、わたしに才能があったからや、能力が高かったからではありません。**どれもその場で行った小さな小さな工夫の積み重ねが、少しずつ大きなうねりとなって未来を変えていたのです。**

わたし自身、数年経って今ようやくそのことに気がつきました。

そして改めて注目していただきたいのは、どの工夫もすべてうまくいっていない状況からはじまっていることです。

POINT 8

その場の小さな工夫が
未来を大きく変える。

工夫があなたのキャリアをつくる

工夫はうまくいかないことからはじまります。

うまくいっていない現状は、工夫によって想像もできない未来に変えることができます。

工夫があなたのキャリアをつくるのです。

工夫はあなたの人生に、分岐点をつくります。その時点で分岐した角度は小さかったとしても、時間が経つにつれてその分かれ道は大きく離れていくものです。

工夫があなたの価値をつくります。

仕事において「言われた通りのことだけやっていては意味がない」とよく言われます。

そこにあなたの工夫がないと、あなたがやる必要がないからです。

みんなと同じことをやっていては、誰がやったって同じです。「伝書鳩」と呼ばれる人、「横に流しているだけ」と言われるような人が、あなたの周りにもいるかもしれません。そうならないためにも、工夫を意識するだけで仕事の質は大きく変わります。

自分らしさをつくるのは、自分の工夫です。

「自分らしく」という言葉は、ここ5年10年で特によく聞くようになりました。広告表現でも多用されているのを見かけます。しかしどれほどの人が「自分らしさ」を理解しているでしょうか。

「自分探し」という言葉がありますが、わたしは自分は探しても見つかるものではないと思っています。

それは**自分とは、自分でつくるものだからです。**

自分という輪郭は、自分の考えと行動で成形されていきます。自分らしさをつくるのは、わたしたちの考えたことと、行動したことです。それはすべて自分の工夫なのです。あなたらしさをつくるのは、あなたの工夫です。

工夫であなたの行動は変わります。**日々の生活の中で問題に直面したときに、どんな行動を選択するかを考えるときにも「工夫の４Ｋ」のフレームは役立ちます。**

仕事に限らず、**直面した問題に対して自分がとろうとしている行動は、改善なのか、解決なのか、解消なのか、回避なのかを立ち止まって考える**ことができると、行動の選択肢が増えます。

そして理想に対してどの工夫が一番望ましいかを考えることができると、選ぶべき行動も見えてくるでしょう。

工夫は、ただアイデアを出すためのチカラではないのです。

POINT

工夫があなたのキャリアをつくる。
工夫があなたの価値をつくる。
工夫があなたの行動を変える。

努力は有限、工夫は無限

努力には限界があります。しかし工夫には限りがありません。何かうまくいかなかったときに、わたしたちは「自分の努力が足りなかった」と結論づけてしまうことが多々あります。

しかし**実は足りなかったのは努力ではなく、工夫の場合が多いのです。**

なぜかと言うと、努力には誰しも限界があるからです。限界のある努力に自分のすべてを任せるのは、やや無鉄砲ともいえます。

一方で、工夫は無限にできます。何かを途中で諦めてしまったときは、自分の努力する力に頼りきってしまったことが敗因です。

努力と工夫をそれぞれ図にしてみると次のページのようなイメージです。

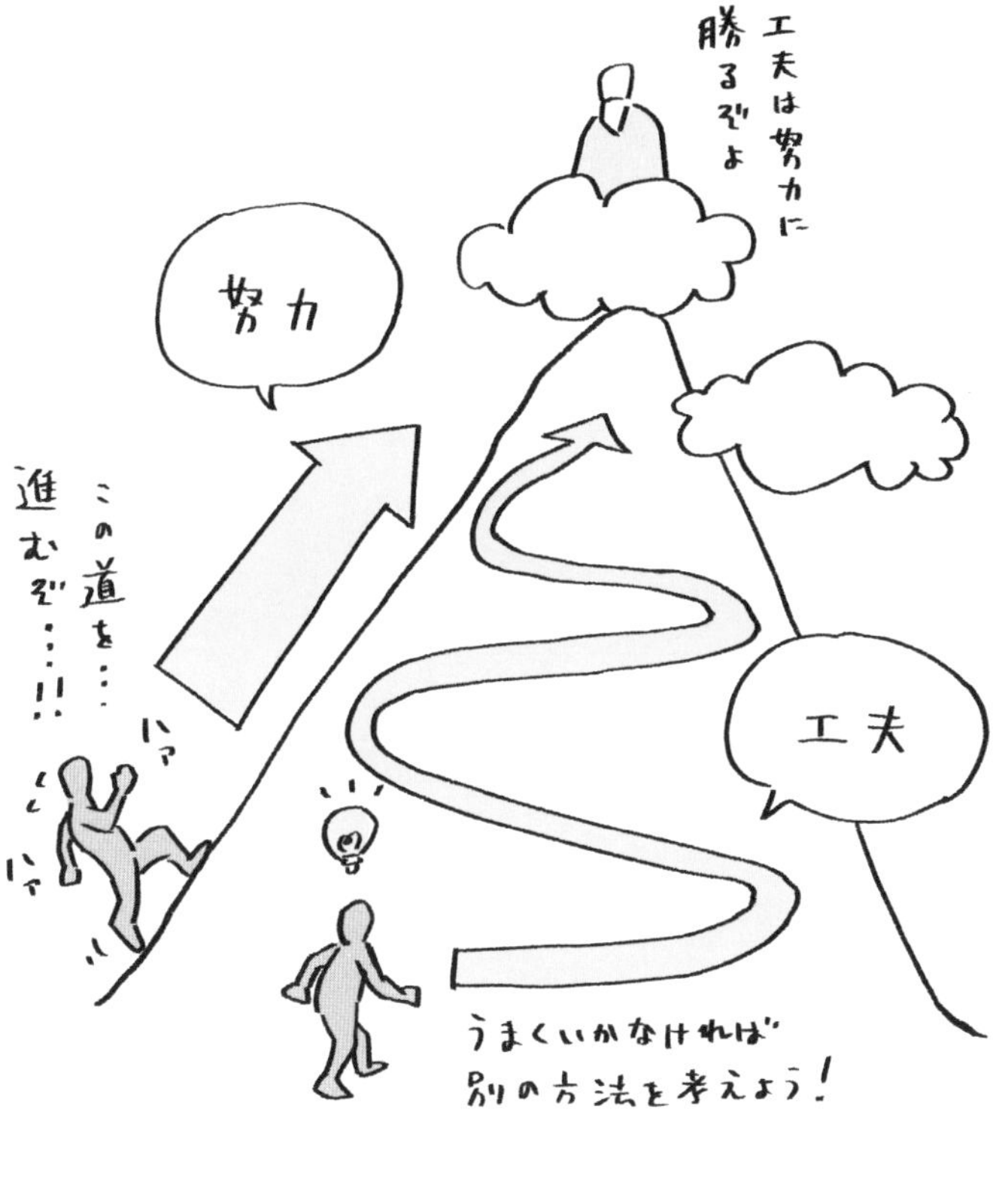
工夫は努力に勝るぞよ
努力
この道を…
進むぞ…!!
ハァ
ハァ
工夫
うまくいかなければ
別の方法を考えよう!

努力は真っ直ぐな矢印です。人生を山登りにたとえると、山の頂上を目指すときにひとつのルートを決めて、この矢印を強く太くしていく作業が努力です。

たとえ目の前に大きな障害があったとしても、その障害を押しながら進み続けなければいけないからこそ、心理的にも体力的にも負荷がかかります。

そのような状態では、途中で登るのをやめて下山してしまうというのは十分に理解できます。そしてしばらく経ってから「あのとき努力が足りなかった」と後悔が残るのです。


一方で工夫は、くねくねと曲がりくねった矢印です。

一度選んだ道が進めそうになければ、別のルートを探して進み続けるイメージです。努力は1方向だったのに対し、工夫は360度どの方向でも道を選ぶことができます。

たまには下りるように見える道を選んでもいいのです。**障害が目の前に現れたとしても、改善、解決、解消、回避と4つの工夫を繰り返しながら、自分の進みやすいルートを進んでいくことができます。**

自分の通った道は曲がりくねって美しいルートではないかもしれませんが、それは結果的に自分らしい軌跡になっているはずです。そしてその道は、気づくと他人には登れない自分だけのルートになっています。

努力は他人と矢印が同じ方向を向いているために、比較が行われやすいのも特徴です。自分よりも太くて強い努力の矢印を見つけてしまったときに、「敵わない」とその方向に自分を押し進める力を弱めてしまうのです。

音楽やスポーツなど自分の好きな世界で、「自分には才能がない」と若い頃に夢を諦めた経験のある人も少なくないはずです。

その人はきっと自分よりも強く太い矢印を目にしてしまったことで、自分の矢印を強く太くすることに限界を感じたのではないでしょうか。

努力によって生まれる矢印は確かに強くて太い。

でもそれを続けられる人はごくわずかです。そして自分よりも太い矢印をもっている人たちは必ずどこかにいます。**努力を続けることに限界を感じたら、ぜひ方向転換して工夫をしてみてください。**

いつまでも同じ方向に進み続ける必要はありません。**360度どの方向に進んでもいい**

と気づくことができれば、そこから見える景色は変わるはずです。

努力よりも工夫を選ぶことで、もっと軽やかに自分だけの道を歩んでいくことができます。うまくいかない状況は、工夫のチャンスです。

POINT

努力は同じルートを進み続けること。
工夫は別のルートを探し続けること。

どんな小さな工夫も立派なアイデアだ

どんな小さな工夫にも、自分の向かう方向を１８０度変える力があります。

変化という視点でいうと、改善にも解決にも、解消にも回避にも、すべてに同等の価値があります。

たしかにビジネスの現場においては、問題を解決することで利益や成長が期待できることから、特に「解決」が重要視されます。

しかし**解決だけがアイデアではありません**。そもそも問題整理をしたときの、理想の状態とは「今考えうる理想の状態」であって、その理想の状態が5年後も変わらないとは限らないのです。「解決こそがすべて」という考えはとても危険です。

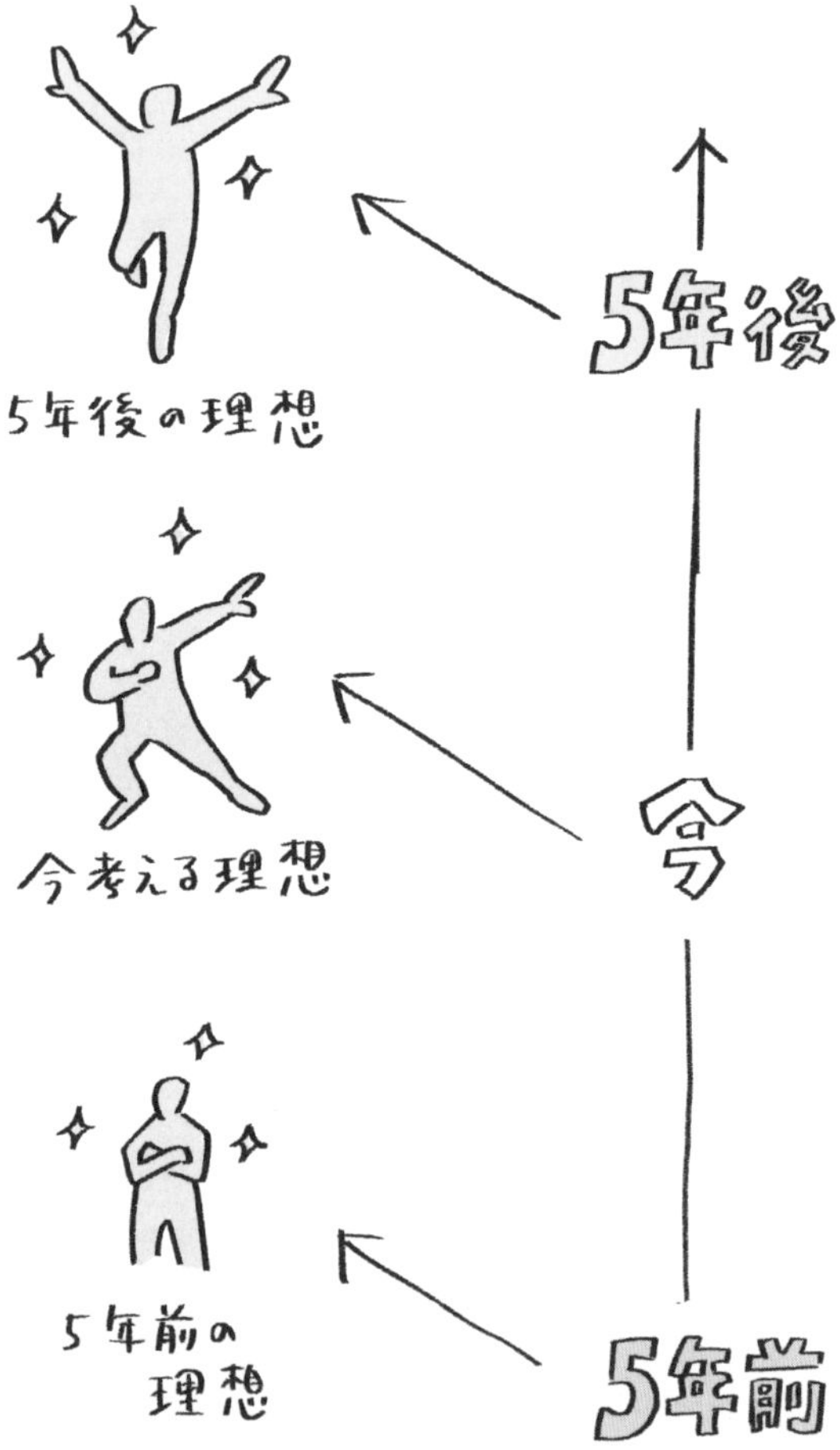

◎ 理想の状態は
今考えうる理想でしかない

自分の小さな工夫を甘く見てはいけません。

自分で捨ててしまっていた小さな工夫が、自分の未来を大きく変えてしまうこともあります。

これまでは自分の成長やキャリアは、自分が所属する企業に強く紐づいていました。解決ができる人間が重宝される環境と文化の中で、自分の小さな工夫を軽視していたのです。しかし今や、個としてどう生きるかが問われる時代に突入しています。フリーランスや副業をする人も増えています。

解決に固執すると、ときに自分の動きを止めてしまいます。

それは解決には、時間や金銭的なコストがかかるからです。

自分一人で解決しようとすると時間が、人にお願いしようとするとお金がコストとしてかかります。

解決は、お金と時間をある程度使える企業活動においては成立しますが、個人にとってはカロリーの高い工夫なのです。

解決に対して、その他3つの工夫のメリットは止まらないことです。

とくに改善は、永遠に続けることができます。

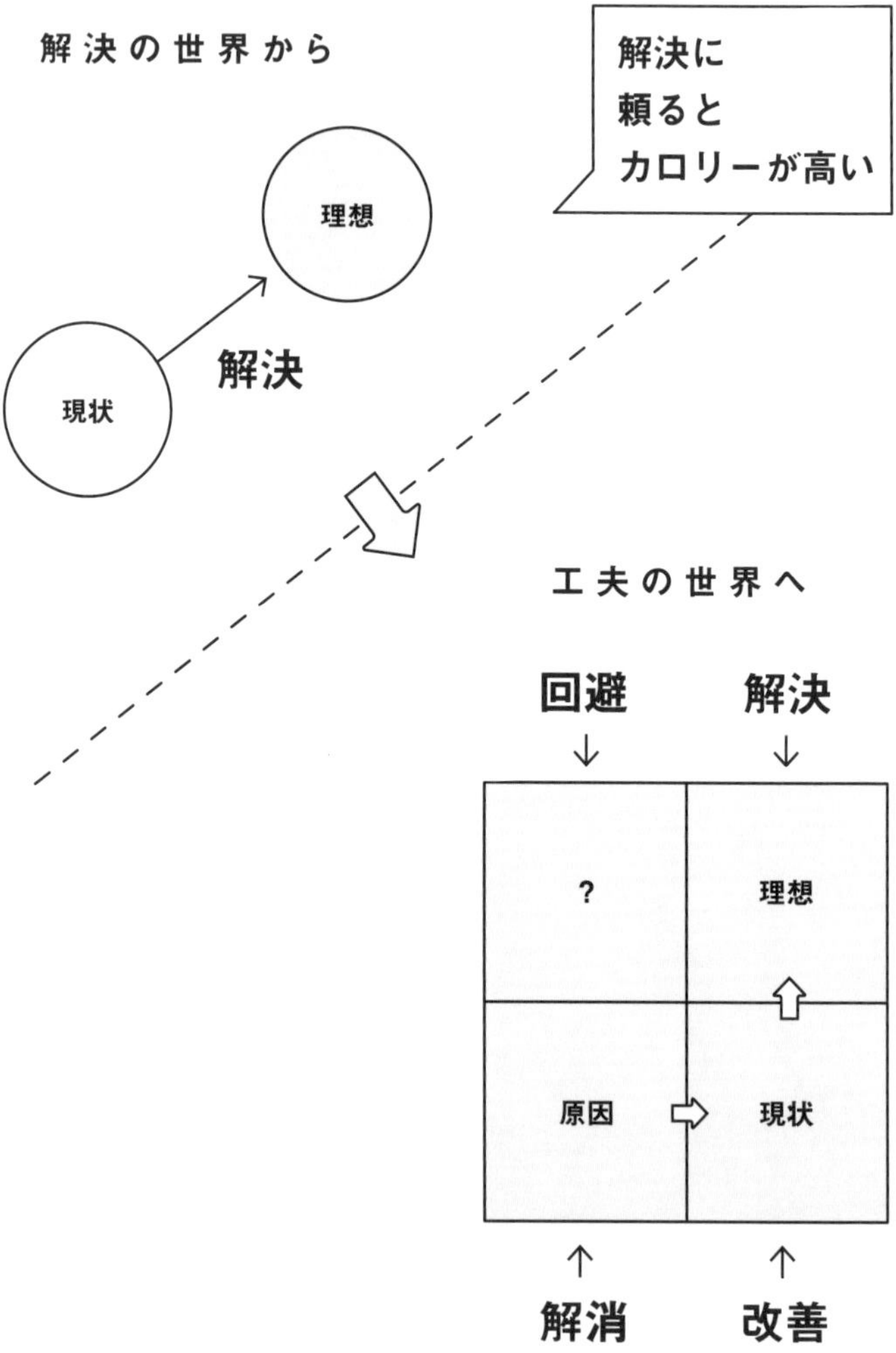

解決の世界から工夫の世界へ

うまくいかないときには、まず改善から考えはじめるのがいいと思います。

どんなに考え尽くしても、改善の余地はいつでもあります。改善は最初から最後まで続けることができる工夫です。

解消は、すぐに変化をもたらします。うまくいかないことをやめることで、問題の原因そのものを排除できるからです。うまくいかないことをやめることは、負けや敗れることではありません。解消という工夫のひとつなのです。

回避は、うまくいかないことから離れることができます。自分の歩みを止めていた問題を無視して、別の方向に歩きだすことができます。

行動できなくなってしまっているときには、解消や回避を選ぶと一歩を踏み出しやすくなります。どんな小さな工夫も、自分の人生を変えうる立派なアイデアなのです。

POINT 8

解決にこだわらず
改善、解消、回避でも工夫する。

発想力は周りから評価されにくい

もうひとつ、わたしたちが自分の小さな工夫をスルーしてしまう理由があります。

それは**発想力というものが、そもそも他人から評価されにくい**ということです。

発想力は、アニメやゲームの「戦闘力」のように数字では測れません。

絶対評価や可視化が難しいために「このメディアで賞賛された」「この賞を受賞した」「誰々が認めた」というように権威に頼らざるを得ないのです。

そしてこの権威性は分かりやすく、バッジのように使われます。

カンヌを受賞した映画、モンドセレクションを受賞したお菓子、グッドデザイン賞を受賞したプロダクトなど、広告やパッケージで見かけることがよくあると思います。

しかしこのように目利きに認めてもらうためには、縁と運が必要です。目利きに見つけてもらって、認めてもらうのを待っていたら一生なんてすぐに終わってしまいます。

ただ待っているだけでは何も起こりません。発想力を伸ばすためには、まずは自分で自分を褒めてあげるしかありません。

自分で自分を信じてあげないといけないのです。

自分を信じると書いて、自信です。そしてこれが一番難しい。誰も評価してくれない可能性のあることに、自信をもち続けるのは大変です。情熱の炎は、自分の手で囲ってあげないと冷たい風が吹きつづければ簡単に消えてしまいます。

そのためにも、工夫をやめてはいけません。

工夫をやめてしまうと、うまくいっていない現状に自分がとどまってしまいます。そのような状況に居続けると、自信をもち続けるのはどんどん難しくなります。

志望していたクリエイティブの部署にいけない7年の期間で何が一番キツかったかというと、入社当初もっていた「自分は企画ができる」という自信が、日に日に失われていくことでした。

周りが認めてくれないと、自分で自分を信じることができなくなっていくのです。

それでもわたしがなんとか諦めずに済んだのは、毎年ひとつは自主プロジェクトをやっていたからです。

公募のアイデアコンペを見つけてはチャレンジし、デザイン展に出展したこともありました。


自分なりの工夫を頭の中の絵空事に終わらせずに、実現させることを続けていたからこそ、自信を最後まで失わずに済んだのだと思います。

POINT

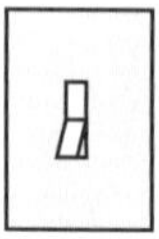

発想力は他人から評価されにくい。
自分で自分を褒めてあげるしかない。

「ビッグアイデア」という功罪

広告業界に「ビッグアイデア」という言葉があります。

それは鮮やかな一手で問題を解決するアイデア。毎年広告賞を受賞する仕事にはこのようなアイデアが並びます。

この言葉の大きな功績は、アイデアや閃きがわたしたち広告業界の人たちがもつ魔法のように見せることで、業界そのものの価値を高め、わたしたちを鼓舞してきたことにあります。

しかし一方で、ビッグに満たないアイデアをすべて「スモール」にしてしまったことで、わたしたちを苦しめているという側面もあります。

広告代理店のクリエーターの仕事をひとことで言うと、アイデアを売る仕事です。

基本的には外部のプロフェッショナルの人たちと一緒に、映像やグラフィックなど最終的な広告制作物をつくっていきます。

もちろん最近では、自分で映像監督まで行う人やプログラミングをする人もいますが、それは極めて稀です。

わたしたちを何かのプロと定義するならば、プロジェクトの核となるアイデアを考えるプロなのです。

そんな仕事でご飯を食べてきたわたしが、勇気を出して改めて言いましょう。

アイデアは誰でも出すことができます。

それでもまだ「アイデアが出ない」と言う人は、「ビッグなアイデア」を期待しすぎているのだと思います。ビッグに満たないアイデアをドバドバと捨ててしまっているのです。

捨てる以前に、拾ってすらいません。

アイデアの価値は、ビッグやスモールなどサイズで表すことはできないとわたしは思います。

アイデアの段階では、どのアイデアも価値は同じです。

アイデアの電球はどんな大きさでも、カタチでもいい。その価値が変わるのは、世の中に実装されてからです。つまりそのアイデアの電球が、世の中を照らす光を帯びた瞬間にはじめて価値が生まれます。

最もよくないのは自分の「ビッグ」の基準に満たないアイデアを、アイデアと呼べなくなってしまうことです。

アイデアが出ないと感じる状態が続くと、アイデア出しが楽しくなくなってしまいます。そしてさらにアイデアに対して、苦手意識が生まれるという負のスパイラルに陥ってしまうのです。

アイデアは自分だけがおもしろいと思っていてもいい。

自分のアイデアを大切にするためにも、そのスタンスを忘れないでいてください。

POINT

「アイデアが出ない」のではなく
自分の基準に満たないアイデアを
「アイデア」と呼べないだけ。

工夫はあなただけの
タイムマシーンだ

工夫はあなたの未来を変えます。

工夫は、目の前のあたりまえを疑うチカラです。

立ち止まって、なぜこうなっているのか、このままでいいのだろうかと考える。これまであたりまえだと思っていたことに対する疑問が、あなたを前に進めてくれます。

わたしたちはつい惰性で生きてしまう生き物です。

わたしたちの脳はいつもと違うことをすると、ストレスがかかるようにできています。

何故なら、惰性はわたしたちが生き残るために勝ち取った生存本能だからです。今までと同じ選択をする方が、身の安全が確保される確率が高いということを、太古の時代からわたしたちは学びました。

そして**DNAに染み付いたこの生存本能が、わたしたちをその場にとどまらせる**のです。そしていつもと同じ場所で、いつもと同じ服を着て、いつもと同じ食べ物や飲み物を手に取ります。

同じ状況に身を置く方が安心するのは、変えることにはリスクがあると遺伝子が静かに知らせているからです。

わたしたちはこの生存本能と戦わなくてはいけません。

人が狩りをしていた時代に狩場を変えたら獣に襲われるリスクはあったかもしれませんが、もうわたしたちが食事の場所を変えて獣に襲われることはまずありません。

自分の未来を切り開くためには、自分の惰性から脱出する必要があるのです。

そして、**工夫が惰性を断ち切ります。**

わたしはクリエイティブな人を特別な才能をもって生まれた人のことだと思っていました。たしかに生まれた時点で、秀でた才能をもつ人は世界にはたくさんいます。

でも多くのクリエイティブな人たちと仕事をしていく中で、わたしが至った結論は「クリエイティブな人とは、工夫をつづける人だ」ということでした。

活躍している人たちはみな目の前の問題があったら、それにアプローチするあらゆる方法を工夫し続けています。

大切なのは工夫ができる能力ではなく、工夫し続けようとする姿勢でした。

今のやりかたを変えずに、惰性で進んだ未来には現状から想像できる未来しか待っていません。

工夫は、あなたの未来の価値を高めます。

工夫はあなたの未来を変える、あなただけのタイムマシーンなのです。

POINT

工夫は現状を疑うチカラ。
工夫は未来を変えるチカラ。

おわりに

名もなき挑戦者たちへ「未来でお会いしましょう」。

この本は、名もなき挑戦者たちのために書きました。

これからいい企画をたくさんつくっていく、あなたのために書きました。

そのために、入社8年目でようやく企画職につくことができたわたしが、もっと早く教えて欲しかったことをまとめました。

型破りになるためには、まず型を知る必要があります。「この型を知っておけば、誰でも企画ができる！」なんてことを言うつもりは毛頭ありません。むしろ企画という型が見えにくい領域において、自分で自分の型をつくるための工夫をたくさん盛り込んだつもりです。

あなたが目指す何かになるためには、まずはプロフェッショナルとして誰かにアイデアや企画を求められたときに打ち返せる最低限の打率と飛距離を身につける必要があります。そのための最短の方法が、「発想の回路」です。

学ぶの語源は「真似ぶ」からきているといいます。つまり真似ることは、学ぶことなのです。企画をパクれと言っているわけではありません。「発想の回路」をパクればいいのです。

でも最後に少し逆説的な話をさせてください。

トレンドを追っていては、トレンドをつくる側にはなれません。

「発想の回路」はＡＩが機械学習するときと同じように、過去のたくさんのいい企画を元に脳内でパターン化していく方法です。

売上ランキングに入っている商品や、受賞しているようなものは賞が発表された年の１年前に発売や実施された企画です。

企画されたタイミングはそこからさらに1～2年前だったりします。つまりわたしたちが回路をつくるために見ている時点から3年前に企画された「いい企画」であるということを忘れてはいけません。

自分の中にある程度回路ができたら、一度この過去の企画集から離れる必要があります。

なぜなら、**本当にクリエイティブなことは、再現性がないからです。**

ウォルト・ディズニーは世界に一人しかいない。

ジョージ・ルーカスは世界に一人しかいないのです。

最後の最後にコイツは、何を言い出すんだ。元も子もないぞと思ったあなた。安心してください。

あなたがジョージ・ルーカスになれないように、ジョージ・ルーカスもあなたにはなれないのです。

『パラサイト　半地下の家族』がカンヌ国際映画祭で最高賞を受賞したポン・ジュノ監督は受賞スピーチで、尊敬するマーティン・スコセッシ監督の「最も個人的なことが、最もクリエイティブなこと」という言葉を引用しました。

最もクリエイティブなこととは、他の人とは違うあなた自身の個人的なことなのです。

アイデアは個人的な思いつきでいいのです。

繰り返しますが、この本は名もなき挑戦者のために書きました。

そしてわたしもまた、名もなき挑戦者の一人です。

この本は、読んだだけでは何も変わりません。読んだだけでは企画ができるようにはならないのです。実践してください。

まずは騙されたと思って、エクセルを開いてみてください。

発想の回路をつくる作業は2時間もあれば誰でもできると思います。

回路を一度つくったことがある状態で企画と向き合うのと、回路のないまま企画に挑むのは大きな差があります。

理解したことと実践したことには、天と地ほどの差があるのです。

わたしはよく周りに「行動力がある」と言われます。

自分自身も、行動までのハードルが低い方だと思います。

知りたいことは聞きに行きますし、思いついたことは提案しにいくタイプです。

でもそれができるのは、わたし自身が「自分の現状に満足できない」人だからなんだと思います。**わたしが前に進めるのは「うまくいっていない」からなのです。**

企画をする人が、企画の作り方の本を書くのは正直恥ずかしいです。

コント師が自分のコントのおもしろいポイントを説明してまわるような。作曲家が自分の曲のかっこいいところを解説してまわっているような、そんな恥ずかしさがあります。

でもわたしは「迷ったら恥ずかしい方を選ぶ」というルールで生きているので、今回書くことにしました。

企画に立ち向かおうとこの本を手にとってくださったあなたも、「この本を読んだ」と公言することは恥ずかしいかもしれません。でも「アウトプットなきインプットは無に等しい」です。ぜひSNSで「#発想の回路」とハッシュタグをつけて感想をもらえると嬉しいです。基本全てに目を通してリアクションします。Twitter と Instagram は @ryonotrioでやっています。せっかくの縁です。仲良くしてください。

最後に、いつも寄り添って相談に乗ってくれる編集者の林拓馬さん、本当にありがとうございます。暴れん坊のもうすぐ2歳になる息子の暖を育てながら、執筆を応援してくれた妻の麻佑にも感謝を贈ります。そして仕事の中で企画とは何かを、背中で教えてくれたたくさんの先輩たちにも。

企画という、どこが入口でどこが出口か分からない、真っ暗なトンネルを進み続けるような、最低に大変で最高にエキサイティングな仕事を選んでしまいました。同じトンネルを進む者同士、この本を手に取ってくださったあなたとも、いつかきっとお会いすることがあると思います。

ではそれぞれ自分の工夫というタイムマシーンに乗って、未来でお会いしましょう。

中川　諒

参考資料

- 『コンセプトのつくりかた』玉樹真一郎 著（ダイヤモンド社）
- 『考具』加藤昌治 著（CCCメディアハウス）
- 『アイデアのつくり方』ジェームス・W・ヤング 著、竹内均 訳（CCCメディアハウス）
- 『企画脳』秋元康 著（PHP文庫）
- 『センスは知識からはじまる』水野学 著（朝日新聞出版）
- 『思考の技法』グレアム・ウォーラス 著、松本剛史 訳（ちくま学芸文庫）
- 『習慣の力』 チャールズ・デュヒッグ 著、渡会圭子 訳（講談社）
- 『コピー年鑑』東京コピーライターズクラブ 編集（宣伝会議）
- 「日本のアイスクリームの歴史　“あいすくりん”の誕生」
  一般社団法人　日本アイスクリーム協会（https://www.icecream.or.jp/iceworld/history/japan/）
- adforum（https://www.adforum.com/awards）
- Ads of the world（https://www.adsoftheworld.com/）
- Mpac（https://www2.fgn.jp/mpac/）
- KSP-POS（https://www.ksp-sp.com/）

［著者］
中川　諒（なかがわ・りょう）
クリエイティブディレクター/コピーライター
1988年生まれ。幼少期をエジプトとドイツで過ごす。慶應義塾大学環境情報学部を卒業後、2011年に電通に入社するも希望のクリエイティブ局には配属されず、自主制作をはじめる。2017年、「カンヌライオンズ国際クリエイティビティ・フェスティバル」のU30プログラム「ヤングライオンズ」の国内予選を150組を超える出場者の中から1位で勝ち抜き、日本代表に選ばれる。2018年、TCC（東京コピーライターズクラブ）新人賞を受賞し、社内の転局試験に合格。営業から念願のクリエイティブ局に異動。同年カンヌライオンズのアジア大会「ヤングスパイクス」本戦で1位を獲得。2019年、Googleにクリエイティブディレクターとして出向し、シンガポールとオーストラリア・シドニーで勤務。帰任後、ユニクロ、コカ・コーラ、サントリーなどの広告を制作。2023年よりアクセンチュア ソングのクリエイティブエージェンシーDroga5に所属。著書に『いくつになっても恥をかける人になる』（ディスカヴァー・トゥエンティワン）がある。「恥研究家」としても活動。
Twitter/Instagram : @ryonotrio

発想の回路——人を動かすアイデアがラクに生まれる仕組み

2023年6月13日　第1刷発行

著　者——中川　諒
発行所——ダイヤモンド社
〒150-8409　東京都渋谷区神宮前6-12-17
https://www.diamond.co.jp/
電話／03·5778·7233（編集）　03·5778·7240（販売）
ブックデザイン—小口翔平・奈良岡菜摘（tobufune）
巻頭ジャバラ・図版デザイン—小林祐司
イラスト——髙栁浩太郎
DTP————RUHIA
校正————鷗来堂
製作進行——ダイヤモンド・グラフィック社
印刷————勇進印刷
製本————ブックアート
編集担当——林拓馬

ISBN 978-4-478-11740-8